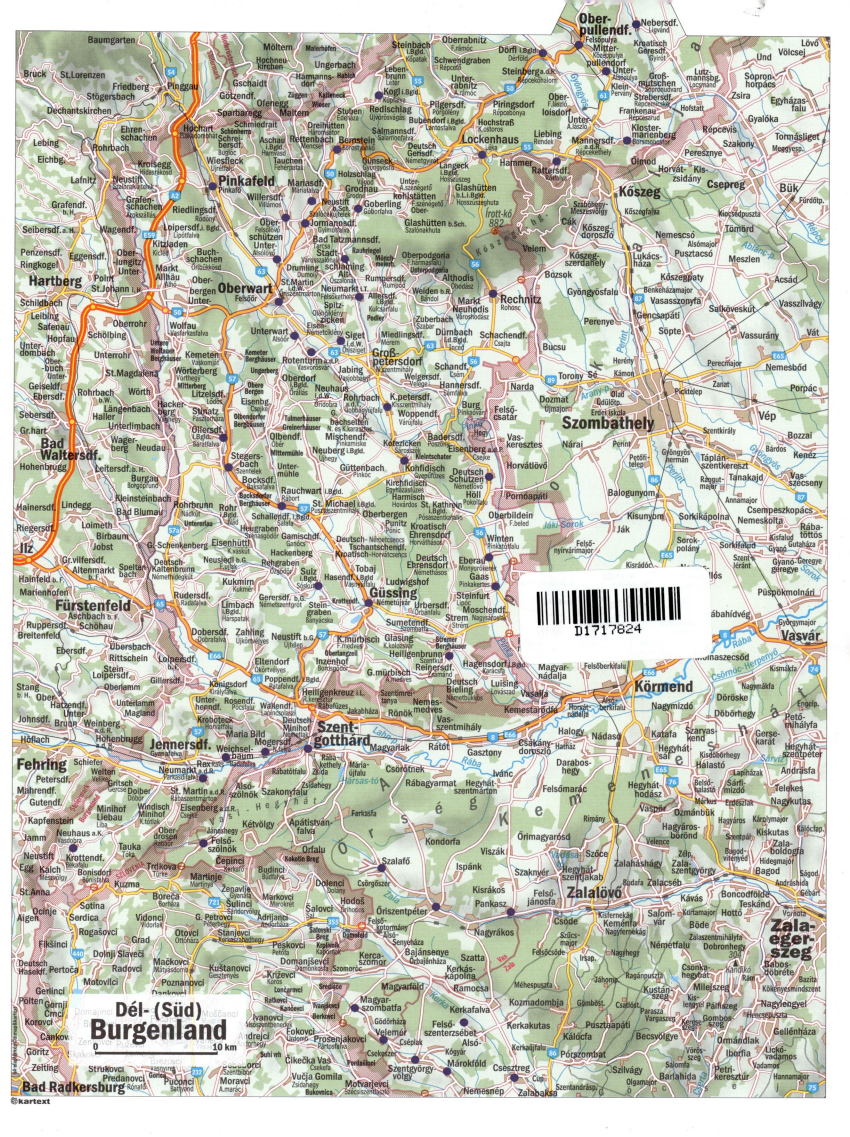

Szüleimnek
Für meine Eltern

Legeza László

BURGENLAND

Várvidék és az Őrség

Burgenland und die Wart

Mikes Kiadó
Budapest
2003

© Írta és fényképezte / Text und Foto: Dr. Legeza László
© Az előszót írta / Vorwort: Dr. Galambos Ferenc Iréneusz OSB
© A történelmi bevezetőt írta / Historische Einleitung: Dr. Török József
Lektorálta / Lektoriert: Dr. Juhász László és Dr. Török József

© Német fordítás / Deutsch: Patyi Ildikó
Német lektor / Lektoriert: Dr. Hella Márkus és Dr. Windisch István

© Térkép / Karten: Kartex Kartografikai Bt.

A kötetet szerkesztette és tervezte / Entwurf und Gestaltung: Dr. Legeza László

Az album fényképei 2003-ban készültek

Die Fotos des Albums sind 2003 aufgenommen

*Köszönet az értékes segítségért Dr. Juhász Lászlónak,
aki elsőként dolgozta fel Burgenland történetét*

*Mein Dank gilt Dr. László Juhász, dem Autor des ersten historischen
Reiseführers im Burgenland, für seine wertvolle Hilfe*

A címlapon: Fraknó vára
A hátsó borítón: Az 1755-ben készült pankaszi harangláb
1. oldalon: Somfalva, Szent Család barokk szoborcsoport antik oszlopon
2. oldalon: Szentkúti pince
3. oldalon: Kismarton, máriacelli Madonna-szobor
5. oldalon: Léka vára
6. oldalon: Szentháromság-szobor Feketeváros határában
8. oldalon: Széleskút római katolikus temploma

Auf der Titelseite: Burg Forchtenstein
Auf dem Umschlag: Der hölzerne Glockenstuhl in Pankasz aus dem Jahr 1755
Seite 1: Schattendorf, Die heilige Familie, barocke Skulpturengruppe auf einer antiken Säule
Seite 2: Weinkeller in Heiligenbrunn
Seite 3: Eisenstadt, Madonna-Figur aus Mariazell
Seite 5: Schloss in Lockenhaus
Seite 6: Die Dreifaltigkeit Statue bei Purbach
Seite 8: Die römisch-katholische Kirche in Breitenbrunn

ISBN 963 8130 50 4

Mikes Kiadó Kft. / Mikes Verlag, Budapest
Felelős kiadó / Verlangsdirektor: Dr. Windisch István

Nyomdai előkészítés / Druckvorbereitung: WellCom Grafikai Stúdió
Stúdióigazgató / Studiodirektor: Maros Pál

Készítette a Dürer Nyomda Kft., Gyulán, 2003-ban
Printed in Hungary 2003, Druckerei Dürer, Gyula
Ügyvezető igazgató / Direktor: Megyik András

Előszó

Nagyon kedves és megtisztelő felkérésnek teszek eleget, amikor e szép, színes képeskönyvhöz előszó írására vállalkozom. Több mint három évtizeden át – mely hosszúra nyúló életem legszebb szakasza volt – próbáltam mint tanár, lelkipásztor, könyvtáros és szerkesztő Burgenland maroknyi magyarságát szolgálni, mindezt most 83 évesen fiatalabb kezekbe adtam át.

A Kárpát-medencének természetes határai voltak hegyekkel, folyókkal, csak Nyugat felé volt nyitott. Itt haladtak át a kalandozó magyarok, itt jöttek be a misszionáriusok és diplomaták, erre vezettek a gazdasági utak, de ez volt az útja a különböző szellemi irányzatoknak, egyben első lecsapódási helyük is. A magyar múltról tanúskodnak a széles főutcák, oromfalukkal az útra támaszkodó falusi házak, a magyar szentek szobrai a templomokban, a vendéglők magyar ételei, általában a szíves vendéglátás, a népi műemlékeket őrző skanzenek.

A Magyarországgal határos területek közül Burgenlandban van a „legkisebb magyar kisebbség". Az utolsó magyar népszámlálás (1920) adatai szerint a magyarok száma a lakosság 10%-át sem érte el, a következő évek során ez is állandóan csökkent. A két világháború között mintha az anyaország is megfeledkezett volna róluk. Igaz, hogy az elcsatoláskor Burgenland 350 helységéből csak ötben voltak többségben magyarok. Ez az öt, egykori magyar határőr falu a következő: Alsóőr, Felsőőr, Felsőpulya, Középpulya és Őrisziget. Közülük Felsőőr és Felsőpulya város és járási székhely lett, így itt a sok betelepült tisztviselő, pedagógus, orvos és kereskedő miatt kisebbségbe szorultak a magyarok.

A magyar kulturális élet azért valamelyest megmaradt, mindenekelőtt a templomokban, de működtek dalárdák, színjátszó csoportok. A nem magyar házastárs, vagy ha idegen került e helységekbe, megtanult magyarul. A 30-as évek közepén Sopronban megjelent egy magyar nyelvű hetilap, a „Hétfő", melynek voltak tudósítói Felsőőrött és Kismartonban is. Hitler bevonulásával (1938) megszűnt a magyar oktatás és a magyar egyesületi élet. Az 50-es évek elején, amikor Burgenland szovjet megszállás alatt állt, Felsőőrött jelent meg egy magyar nyelvű lap, amely az akkori magyarországi helyzetet dicsérte, így ezt senki sem olvasta. A burgenlandi magyarság számára a legsúlyosabb csapást a „vasfüggöny" fokozatos leereszkedése jelentette, mely megszüntette Magyarországgal a családi és gazdasági kapcsolatokat. Bár 1945 után újra megindulhatott a magyar nyelvű oktatás, nem voltak képzett magyar pedagógusok, így az elsorvadt. Reménytelennek látszott a magyar jövő.

1968-ban alakult meg a Burgenlandi Magyar Kulturális Egyesület a még megmaradt magyarság összefogására. Rendszeresen tartottunk összejöveteleket, magyar nyelvkurzust, ünnepségeket. A 70-es évek közepétől magyarországi tanulmányutakat, zarándokutakat, gyermekek számára szavalóversenyeket szerveztünk, a Balatonnál nyelvgyakorló nyaraltatást. Szívesen jöttek közénk magyar művészek, kutatók, riporterek, számos cikk jelent meg rólunk. Kiadtunk egy kis lapot, az „Őrség"-et először sokszorosítva, majd 1979 óta nyomtatásban, megjelentettünk egyéb kiadványokat is. 1976-ban látott napvilágot Juhász László „Burgenland magyar történelmi kalauz" című, azóta több kiadást megélt műve. Néptánccsoportok, citeraegyüttesek szerveződtek, sikerült komoly könyvtárat összehoznunk. Magyar Intézetet szerveztünk, tudományos tanácskozásokat rendeztünk előadásokkal, kiállításokkal, emléktáblák fölállításával, a mai Burgenland területén született vagy egy ideig itt működő jeles személyiségekre emlékezve.

Tagja lettünk különböző nemzetközi kisebbségi szervezeteknek, így az osztrák kancellári hivatal ún. „Volksgruppenbeirat"-nak, e révén anyagi támogatásban is részesülünk. Legnagyobb problémánk a magyar öntudat csekély volta. Az egykori magyar határőrök utódainak inkább helyi öntudatuk van: „Mi őriek vagyunk!" Ezért is nagy a jelentősége az 1992-ben Felsőőrött megnyílt Kétnyelvű Szövetségi Gimnáziumnak, melyben magyar pedagógusok tanítják a magyar történelmet és irodalmat. Fellendülést remélünk a burgenlandi magyar kisebbség számára Magyarországnak az Egyesült Európához való csatlakozásától, de vállalnunk kell a kisebbségek szép feladatát: a híd szerepét is.

Galambos Iréneusz OSB

Vorwort

Gern komme ich der liebenswürdigen und ehrenvollen Bitte nach, ein Vorwort zu diesem prächtigen Bildband mit Fotografien zu schreiben. Als Lehrer, Seelsorger, Bibliothekar und Redakteur bemühte ich mich über 30 Jahre lang, in der schönsten Zeitspanne meines Lebens, um eine Handvoll Ungarn im Burgenland. Jetzt, mit 83 Jahren, überlasse ich nun Jüngeren diese Aufgabe.

Von Bergen und Flüssen als den naturgegebenen Grenzen umgeben, war das Karpatenbecken nur im Westen offen. Von hier aus starteten die schnellen ungarischen Reiter ihre Feldzüge, hierher kamen die Missionare und die Gesandten in das Land, hier entlang führten die Handelsstrassen, aber auch die unterschiedlichen geistlichen Strömungen flossen hier herein und begannen, ihren ersten Einfluss zu nehmen. Die breiten Hauptstrassen und die Giebelwandhäuser in den Dörfern, die Statuen der ungarischen Heiligen in den Kirchen, die ethnographischen Freilichtmuseen, die ungarischen Speisen in den Restaurants und die herzliche Gastfreundschaft im allgemeinen legen allesamt Zeugnis von der ungarischen Vergangenheit ab.

Unter den Nachbarstaaten Ungarns lebt im Burgenland die „kleinste ungarische Minderheit". Laut Angaben der letzten ungarischen Volkszählung (1920) erreichte die Zahl der Ungarn nicht einmal zehn Prozent der Bevölkerung, und auch diese nahm im Laufe der Folgejahre ständig ab. In den Jahren zwischen den beiden Weltkriegen schien es fast, als ob selbst das Mutterland sie vergessen habe. Fakt ist auch, dass die Ungarn zur Zeit der Angliederung nur in fünf von den 350 Siedlungen des Burgenlandes eine Mehrheit bildeten. Diese fünf ehemaligen ungarischen Grenzwart-Dörfer heißen Unterwart, Oberwart, Oberpullendorf, Középpulya und Siget in der Wart. Aus Oberwart und Oberpullendorf wurden Stadt und Landkreissitz, viele Beamte, Lehrer, Ärzte und Händler zogen hier ein, so dass die Ungarn in die Minderheit gerieten.

Das ungarische Kulturleben blieb in Spuren erhalten, vor allem in den Kirchen, auch gab es Gesangsvereine und Laienspielgruppen. Angeheiratete Ehepartner oder angesiedelte Fremde lernten Ungarisch. Mitte der dreißiger Jahre erschien in Ödenburg (ung.: Sopron) eine ungarischsprachige Wochenzeitschrift, der „Montag", wofür auch Korrespondenten in Oberwart und Eisenstadt arbeiteten. Nach dem Anschluss (1938) wurde der ungarische Unterricht eingestellt, das ungarische Vereinsleben kam zum Erliegen. Anfang der fünfziger Jahre, während der sowjetischen Okkupation, wurde in Oberwart eine ungarische Zeitung verlegt, in der lobend über die Lage in Ungarn berichtet wurde – folglich wurde sie von niemandem gelesen. Den schwersten Schlag aber fügte der ungarischen Bevölkerung im Burgenland der „eiserne Vorhang" zu, als familiäre und wirtschaftliche Kontakte mit Ungarn auf den Nullpunkt gerieten. Obwohl nach 1945 wieder der ungarische Unterricht einsetzen konnte, endete er wegen Mangel an fachlich ausgebildeten ungarischen Pädagogen schon bald nach den Anfangsversuchen wieder. Die ungarische Zukunft schien hoffnungslos zu sein.

Der Ungarische Kulturverein im Burgenland wurde 1968 mit dem Ziel ins Leben gerufen, den Zusammenhalt der noch verbliebenen Ungarn zu stärken. Wir organisierten regelmäßig Zusammenkünfte, Ungarischkurse und feierten gemeinsam Feste. Wir führten Studienreisen und Pilgerfahrten nach Ungarn durch, ab Mitte der siebziger Jahre wurden Rezitationswettbewerbe veranstaltet und es gab Ferienlager mit Sprachübungen am Plattensee für die Kinder. Ungarische Künstler, Forscher und Journalisten besuchten uns gern, und viele Artikel wurden über uns publiziert. Wir gaben ein kleines Blatt, „Die Wart", heraus, anfangs wurde es einfach vervielfältigt, ab 1979 dann in einer Druckerei verlegt. 1976 erschien das Buch „Ungarischer Geschichtsführer im Burgenland" von László Juhász, das seither mehrere Nachauflagen erhielt. Volkstanzgruppen und Zither-Ensembles organisierten sich, ferner gelang es uns, eine Bibliothek mit ungarischen Büchern zusammenzutragen. Im gegründeten Ungarischen Institut fanden wissenschaftliche Beratungen mit Vorträgen und Ausstellungen statt. In Form von Gedenktafeln setzten wir jenen namhaften Persönlichkeiten ein Denkmal, die auf dem Gebiet des heutigen Burgenlandes geboren wurden oder über mehr oder weniger längere Zeit hier tätig waren.

Wir sind Mitglied verschiedener internationaler Minderheitsorganisationen, so auch des Volksgruppenbeirats beim österreichischen Kanzleramt. Von hier wird uns auch finanzielle Unterstützung gewährt. Unser größtes Problem ist das mangelnde ungarische Selbstbewusstsein. Die Nachfolger der einstigen ungarischen Grenzwärter haben eher ein lokal ausgerichtetes Selbstwertgefühl: „Wir sind aus der Wart!" Von umso größerer Bedeutung ist das 1992 in Oberwart eröffnete Zweisprachige Bundesgymnasium, in dem ungarische Lehrer ungarische Geschichte und Literatur unterrichten.

Von dem EU-Beitritt Ungarns erhoffen wir uns einen Aufschwung für die ungarische Minderheit im Burgenland. Zugleich aber haben wir auch die erhabene Aufgabe zu erfüllen, die Brücken-Rolle der Minderheit zu stärken.

Iréneusz Galambos OSB

Történelmi bevezető

A magyar törzsek Árpád fejedelem vezérlete alatt zömmel 895-ben keltek át a Kárpátok keleti koszorúin és a Duna vonaláig terjedő területeket foglalták el, majd 900-ra bekövetkezett a Dunán túli részek megszállása, egészen a végekig. A „senki földje", a többnapi járóföldnyi, tehát több tíz, esetleg száz kilométer szélességű terület, a gyepű a későbbi mosoni, soproni, vasi, zalai vármegyék peremvidéke volt, s mint ilyen, a magyar törzsek által birtokolt terület; majd később, a keresztény Magyar Királyság ezredfordulós (pontosabban az 1000. év karácsonyán történt) megszületése után annak nyugati végvidéke. Amint a szomszédos németekkel egyre inkább kiépültek a békés kapcsolatok, úgy gyarapodott ez a terület falvakban, várakban, városokban; a középkor végére pedig az egyik leggazdagabb régiója volt a Magyar Királyságnak, melyhez tartozását mindenki megkérdőjelezhetetlennek vélte. Amikor az oszmán szökőár elborította Magyarország egyharmadát, sőt a büszke Bécs városát is több ízben fenyegette, a török csapatok átvonulásaikor e nyugati vidék is kivette részét a szenvedésből, ám ez rövidebb ideig tartott, nem járt tartós megszállással és akkora pusztulással, mint például az Alföldön. A másfélszázados török uralom megszűnte (1686) után a barokk kori második honalapítás e vidéken a folyamatosságra támaszkodhatott; az építkezés kövekben, szellemben és lélekben egyaránt jellemző, s komoly eredmények születtek.

A királyi udvar közelsége is hatott az itteni arisztokrácia életére, a legnevesebb családok folyamatossága pedig az ország érdekeit szolgálta. Elegendő a Mariazellbe zarándoklatot vezető Esterházy I. Pál nádor alakját föleleveníteni. Noha a közeli Ausztria kultúrája átsugárzott e nyugati részekre, ám szerencsés módon kiegészítette, serkentette mindazt, ami magyar alkotás volt.

A XX. század elejének történelmi katasztrófái hatására azonban másként alakult a régió sorsa. Az I. világháborút követő politikai káosz lehetővé tette Magyarország megszállását, majd a megszállott ország fölosztását. A győztes hatalmak 1920. június 4-én Magyarországra kényszerítették a versailles-i Kis-Trianon-palotában azt a békeszerződést, mely törvényesítette Nyugat-Magyarország, a Felvidék, Erdély, a Délvidék és Horvátország elszakítását. Ekkor „papíron" – a világháborúból szintén vesztesként kikerült – Ausztriához csatoltak négyezer négyzetkilométer területet 292 ezer lakossal, közte 26 000 magyart. A békeszerződésen odaítélt területeket 1921 augusztusaként kellett volna az osztrákoknak átadni. A hó végére tervezték az átcsatolást, és a reguláris magyar csapatok kiürítették Burgenlandot. Ezt a pillanatot használták föl az irreguláris magyar különítmények és visszafordulásra kényszerítették az osztrák csendőröket, birtokukba vették a területet, majd október 4-én kikiáltották a független és semleges Lajtabánságot, ami rövid ideig ténylegesen fennállt. Az Ausztria és Magyarország közötti válság Olaszország közvetítésével szűnt meg, amikor is október 13-án a két ország képviselői Velencében aláírták azt az egyezményt, amely Sopron és körzete számára népszavazást rendelt el hovatartozásáról, cserébe a többi, békésen átengedett területért.

A híres népszavazást nemzetközi ellenőrzés mellett 1921. december 14-én és 15-én tartották meg, amely fölényes magyar győzelemmel végződött. Sopron város Magyarországhoz tartozására 15.334 szavazat esett, Ausztriához csatlakozását 8227-en szorgalmazták. Érvénytelen volt 502 szavazat. Ezzel Sopron kiérdemelte a „leghűségesebb" város elnevezést. Ha népszavazással lehetett volna dönteni a többi terület fölött is, akkor ma minden bizonnyal más lenne Közép-Európa térképe. A II. világháború egyaránt sújtotta mindkét országot, azonban a határ, mint éles elválasztó vonal továbbra is megmaradt annak ellenére, hogy Ausztria egy része szovjet megszállás alá került. Azonban ez csak tíz évig tartott, mert a szovjet csapatok 1955-ben Ausztriából kivonultak, és folytatódhatott a félbeszakadt békés fejlődés. Burgenland magyar gyökereit, emlékeit megőrizve egyre inkább *felix Austria* részévé lett.

Török József

Historische Einführung

Unter Führung von Fürst Árpád überquerten die ungarischen Stämme im Jahre 895 den östlichen Bergkranz der Karpaten und eroberten die bis an die Donau reichenden Gebiete. 900 waren auch die Teile jenseits der Donau komplett bis zu den Grenzmarken besetzt. Das „Niemandsland", das sich über ein teilweise hundert Kilometer breites Gebiet erstreckte und als Randzone zu den späteren Burgkomitaten Moson, Ödenburg, Vas und Zala gehörte, war als solches im Besitz der ungarischen Stämme. Als dann das christliche Ungarische Königtum um die Jahrtausendwende (genau am Weihnachtstag des Jahres 1000) mit der Krönung Stephans, des ersten ungarischen Königs, gegründet wurde, war jenes Gebiet die westliche Grenzmark der neuen Staatsorganisation. Es bedurfte schon einiger Zeit, bis sich friedliche Beziehungen zum Nachbarland herausgebildet hatten, die für das Entstehen von immer mehr Dörfern, Grenzburgen und Städten unerlässlich waren. Am Ende des Mittelalters war dieses Grenzland dann eine der reichsten Regionen des Ungarischen Königtums, und niemand glaubte, dessen Zugehörigkeit auch nur in Frage zu stellen. Als sich die osmanische Flut über ein Drittel von Ungarn ausbreitete, und mehrfach selbst der stolzen Stadt Wien zur echten Bedrohung wurde, fügten die Türken auch diesem westlichen Landstrich Schäden zu. Dies war jedoch mit keiner dauerhaften Besetzung verbunden und zog nicht derart große Verwüstung nach sich wie zum Beispiel in der Grossen Tiefebene. Als die Türken nach 150jähriger Herrschaft besiegt und aus dem Land vertrieben wurden (1686), konnte der barocke Wiederaufbau in dieser Gegend auf Kontinuität setzen; Bauen in Steinen, in Geist und in der Seele war gleichermaßen bestimmend, und bald konnten wahre Erfolge verbucht werden.

Auch die Nähe des königlichen Hofes übte Einfluss auf das Leben der hiesigen Aristokraten aus, und die kontinuierliche Präsenz der namhaftesten Adelsfamilien diente den Interessen des Landes. Es sei hier nur an die Persönlichkeit von Palatin Paul Herzog Esterházy erinnert, der sich auch an die Spitze von Pilgerfahrten nach Mariazell stellte. (Über seine weiteren Taten wird im Bildteil berichtet.) Reichtum und Kultur des nahen Österreichs wirkten sich wohlwollend auf diesen westlichen Landstrich aus, so dass sie glücklicherweise all das ergänzten und förderten, was ungarisch war.

Das Schicksal der Region nahm jedoch infolge der tragischen historischen Ereignisse am Anfang des 20. Jahrhunderts eine andere Wendung. Die chaotische Situation nach dem Ersten Weltkrieg ermöglichte die Okkupation Ungarns und später die Aufteilung des besetzten Landes. Die siegreichen Großmächte zwangen am 4. Juni 1920 Ungarn in Versailles (Klein-Trianon-Palais) ein Friedensdiktat auf, das die Abtrennung Westungarns, Oberungarns, Siebenbürgens, Südungarns und Kroatiens legitimierte. Da bekam Österreich – ebenfalls ein Verlierer im Krieg – „auf dem Papier" ein 4000 Quadratkilometer großes Gebiet mit 292 000 Einwohnern, darunter 26 000 Ungarn. Die im Friedensdiktat zugesprochenen Gebiete sollte Ungarn im August 1921 an Österreich abtreten. Die Angliederung war für Monatsende vorgesehen, und die regulären ungarischen Truppen haben Burgenland geräumt. Diesen Moment nutzten die irregulären ungarischen Truppen, um das Gebiet in Besitz zu nehmen. Sie zwangen die österreichischen Gendarmen zur Rückkehr und riefen am 4. Oktober 1921 das unabhängige und neutrale Leitha-Banat aus, das für kurze Zeit tatsächlich bestand. Italien vermittelte in der Krise zwischen Österreich und Ungarn, bis die Vertreter beider Länder am 13. Oktober in Venedig ein Abkommen unterzeichneten, das als Gegenleistung für die anderen friedlich überlassenen Gebiete in Ödenburg (ung.: Sopron) eine Volksabstimmung über die Zugehörigkeit anordnete.

Die berühmte Volksabstimmung fand am 14. und 15. Dezember 1921 unter Präsenz internationaler Beobachter statt und endete mit einem überlegenen ungarischen Sieg. Für Ödenburgs Zugehörigkeit zu Ungarn gab es 15.334 Stimmen, für die Angliederung der Stadt an Österreich stimmten 8227 Leute. 502 Stimmen waren ungültig. Damit hat Ödenburg den Titel „die treueste Stadt" verdient. Hätte die Möglichkeit bestanden, auch über die anderen Gebiete im Rahmen einer Volksabstimmung zu entscheiden, so würde die Landkarte Mitteleuropas heute gewiss anders aussehen.

Der Zweite Weltkrieg bedrängte beide Länder gleichermaßen, doch die Grenze blieb als eine scharfe Trennlinie auch weiterhin bestehen, obwohl ein Teil Österreichs in sowjetische Okkupation geriet. Dieser Zustand währte jedoch nur zehn Jahre, weil die sowjetischen Truppen 1955 Österreich verließen und die abgebrochene friedliche Entwicklung fortgesetzt werden konnte. Burgenland wurde, die ungarischen Wurzeln bewahrend, immer mehr zum Teil von *felix Austria*.

József Török

1–4. A Várvidék és az Őrség képeskönyvét az 1335-ben már búcsújáró helyként említett Boldogasszony rövid ismertetésével kezdjük. A középkori templomot 1529-ben, majd az Esterházy Pál által 1668–69-ben újjáépítettet 1683-ban a törökök lerombolták. A mai is Esterházy Pál alapítása, 1702-ben szentelték fel. A kegyhely szolgálatában álló magyar ferencesek 1938-ban átadták helyüket osztrák rendtársaiknak, mert nem akarták elhagyni állampolgárságukat. Az 1529-ben épen maradt gótikus kegykép a Jézus Szíve-kápolnát, a Fraknó várából 1680-ban áthozott, XIV. századi kegyszobor a főoltárt díszíti. A kálvária 1683-ban készült.

1–4. Der Bildband vom Burgenland und der Wart beginnt mit der kurzen Beschreibung von Frauenkirchen, das bereits 1335 als Wallfahrtsort erwähnt wurde. Die mittelalterliche Basilika wurde 1529 von den türkischen Truppen ebenso zerstört, wie im Jahre 1683 jene durch Paul von Esterházy 1668/69 neu errichtete Kirche. Der gegenwärtige, ebenfalls von Paul von Esterházy gestiftete Kirchenbau wurde 1702 geweiht. Die ungarischen Franziskaner, die am Wallfahrtsort dienten, überließen ihn 1938 ihren österreichischen Ordensbrüdern, weil sie als Ungarn ihre Staatsbürgerschaft nicht aufgeben wollten. Das gotische, bei der Zerstörung der Kirche 1529 unversehrt gebliebene Gnadenbild ziert die Herz-Jesu-Kapelle. Die Gnadenstatue aus dem 14. Jh. – 1680 aus der Burg Forchtenstein überbracht – steht am Hauptaltar. Der Kreuzweg stammt aus dem Jahre 1683.

△ 5

△ 6

▽ 7

▽ 8

△ 9

▽ 10

5–10. Mosontarcsa község bár először egy 1487-es oklevélben szerepel, mint a magyaróvári uradalom birtoka, a magyar történelemben mégis csak jóval később, 1956-ban jutott jelentős szerephez: határában vezet a „Menekülés útja", a 200 000 magyar menekült nagy része ezen át érkezett a szabad világba a forradalom leverése után. A határcsatorna felett fahíd ível át, mely ma is emlékeztet a nehéz napokra, akárcsak J. A. Michener: *Die Brücke von Andau* (Az andaui híd) című könyve.

A mintegy 5 km hosszú „Menekülés útja" mentén osztrák művészek szobrai sorakoznak. Művészi eszközök alkalmazásával kitűnően kifejezik a menekültek kiszolgáltatottságát, a meztelenséggel jelképezett jogfosztottságukat, szegénységüket. Megmutatják a minden hátrahagyásának, hazából kivetettségnek fájdalmát, s az út fizikai nehézségeit, melyeket egymást segítve győztek le. Mindezt egyenes tartással, büszkén viselték, hiszen mindent megtettek a haza érdekében. Az életpálya kettétört ugyan, de más helyen tovább folytatódott, amint ezt az oszlopszobor mutatja. A diktatúra a forradalmat brutálisan megtorolta, talán erre emlékeztetnek a fellógatott szőlőtőkék.

5–10 . Die Gemeinde Andau wird als Besitz des Landgutes von Ungarisch-Altenburg (ung.: Mosonmagyaróvár) erstmals 1487 urkundlich erwähnt. Eine bedeutende Rolle in der ungarischen Geschichte spielt Andau jedoch erst viel später, und zwar im Jahre 1956: Hier entlang führte der „Fluchtweg". Ein großer Teil der 200 000 ungarischen Flüchtlinge gelangte nach der Zerschlagung der Revolution über diesen Weg in die freie Welt. Über dem Kanal erhebt sich eine Holzbrücke, die noch heute – analog zu dem Buch J. A. Micheners „Die Brücke von Andau" – an die schweren Tage von damals erinnert.

Entlang des fünf Kilometer langen „Fluchtweges" stehen Skulpturen österreichischer Bildhauer. Das Ausgeliefertsein der Flüchtlinge wird mit künstlerischen Mitteln zum Ausdruck gebracht, ihre Entrechtung und Armut durch ihr Nacktsein überzeugend dargestellt. Man spürt die Schmerzen eines Alles-hinter-sich-Lassens, das Ausgestoßensein aus der Heimat, die körperlichen Anstrengungen auf der Wegstrecke, die die Flüchtlinge einander stützend bewältigt hatten. Sie ertrugen all das mit Stolz, in aufrechter Haltung, denn sie taten alles im Interesse der Heimat. Die Lebensbahn brach entzwei, um sich dann aber an anderenorts weiter zu entfalten – ganz, wie es diese Säule vor Augen führt. Die Diktatur antwortete auf die Revolution mit blutiger Vergeltung, woran die aufgehängten Weinreben erinnern mögen.

11. A bortermeléséről nevezetes Illmic község főterén, piacán savanyúvíz forrás biztosít borvizet a szőlő nedűjéhez.

12. Pomogy harangtornyát a középkorban építették, amikor a templom a falu határában állt, hogy e torony harangja szólítsa misére a híveket. A török időkben egy oszmán különítmény tartózkodott a faluban, s távozásukkor egy „MOSCO PASCHA" feliratú zászlót tűztek a toronyra, mely azt jelezte az utánuk jövő, Bécs felé tartó társaiknak, hogy a falut már kifosztották. Így menekült meg a település a pusztulástól, s lett a torony neve Töröktorony.

13–14. A partjai mentén szinte mindenütt nádassal szegélyezett Fertő tótól keletre, Boldogasszony és Mosonbánfalva között több kisebb szikes tó található. A nádasak legalább kétszáz madárfajnak nyújtanak életteret. A sós vízben ritka növényfajták élnek, a terület növény- és állatvilága az ázsiai sztyeppékéhez hasonló. Nádfedelű kunyhók, gémeskutak őrzik a pásztorok régi életmódjának emlékét.

△ 11

11. Bekannt wurde die Gemeinde Ilmitz durch den Weinanbau. Auf dem Hauptmarkt liefert eine Sauerwasserquelle Weinwasser für den Wein.

12. Der Glockenturm in Pamhagen wurde im Mittelalter gebaut, als die Kirche noch am Ende des Dorfes stand, um die Gläubigen zur Messe zu rufen. In der Türkenzeit hielt sich eine osmanische Sondertruppe im Dorf auf. Beim Verlassen der Siedlung steckten sie eine Fahne mit der Aufschrift „MOSCO PASCHA" hoch an den Turm, um ihren gegen Wien ziehenden Kameraden zu verkünden: Dieses Dorf wurde bereits geplündert. Auf diese Weise wurde Pamhagen gerettet, und der Glockenturm heißt seither „Türkenturm".

13–14. Die Ufer des Neusiedlersees sind fast rundum mit Schilf bewachsen. Östlich vom See, zwischen Frauenkirchen und Apetlon, befinden sich mehrere kleine alkalische Teiche. Das Schilfdickicht bietet mindestens 200 verschiedenen Vogelarten einen idealen Lebensraum. Im Salzwasser existieren seltene Pflanzenarten. Die Flora und Fauna der Landschaft ähnelt sehr jener in den Steppen Asiens. Kleine schilfbedeckte Häuser und Ziehbrunnen erinnern an die alte Lebensform der Hirten.

▽ 12

△ 13

▽ 14

△ 15

△ 16

▽ 17

15. A XVII. században épült ún. „Töröktorony" Barátudvaron.
16. Az 1622-ben készített útmenti oszlopot felirata szerint 1911-ben javították ki és állították fel jelenlegi helyére Barátudvar községben.
17. Pátfalu plébániája 1207-ben lett ciszterci birtok, II. András király adományozta Heiligenkreuz monostorának a falut.
18. Barátudvar is II. András adományaként került a heiligenkreuzi ciszterci anyamonostorhoz. Plébániáját 1625-től ciszterci szerzetesek vezetik. A településen jelen vannak ciszterci apácák, akik vízgyógyintézetet és szállodát működtetnek.
19. Féltorony barokk kastélya tíz évig épült, s 1711-ben készült el Lucas von Hildebrandt tervei szerint. 1720 és 1740 között VI. Károly vadászkastélya volt, majd Mária Terézia nyári kastélya lett, ekkor bővült Franz Anton Hildebrandt tervei alapján. Később királyi főhercegek birtokolták, jelenleg magántulajdonban áll. A kastélyt hatalmas park veszi körül, melyet gondosan nyírt díszcserjék és fák díszítenek. Féltorony községben született Grősz József kalocsai érsek.

15. Der sog. Türkenturm aus dem 17. Jh. in Mönchhof.
16. Die Steinsäule aus dem Jahre 1622 wurde laut ungarischer Aufschrift 1911 restauriert und an ihrem jetzigen Platz in Mönchhof aufgestellt.
17. Ungarnkönig András II. schenkte dem Zisterzienser-Kloster im Jahre 1207 die Pfarrei Podersdorf zu Heiligenkreuz.
18. Auch Mönchhof war ein Geschenk von König András II. an das Zisterzienser-Mutterkloster zu Heiligenkreuz. In der Pfarrei dienen seit 1625 Zisterzienser-Brüder. Auch Zisterzienser-Schwestern leben in der Siedlung, sie betreiben eine Thermal-Heilstätte und ein Hotel.
19. Das Barockschloss in Halbturn wurde nach Plänen von Lucas von Hildebrandt erbaut. Die Bauarbeiten nahmen zehn Jahre in Anspruch – bis 1711. In der Zeit zwischen 1720 und 1740 Jagdschloss des Monarchen Karl VI., diente es anschließend der ungarischen Königin Maria Theresia als Sommerresidenz, wobei es nach den Plänen Franz Anton Hildebrandts erweitert wurde. Später im Besitz des ungarischen Hochadels, befindet sich das Schloss bis heute in Privatbesitz. Der große, gepflegte Schlosspark birgt viele seltene Laub- und Nadelbäume sowie schön geschnittene Ziersträucher. Halbturn ist der Geburtsort von József Grősz, Erzbischof zu Kalocsa.

△ 18

▽ 19

△ 21 △ 22

20–21. Köpcsényben 1730–1740 között Esterházy Pál építtette azt a barokk kastélyt, mely 1780 után a Batthyány család birtokába került, s amely dr. Batthyány-Strattmann László első kórházának adott otthont. A felvételek azon percekben készültek, mely alatt II. János Pál pápa Rómában boldoggá avatta a szegények orvosát.

22. Köpcsény határában áll a Heidenturn, mely egykor a határvédelmi rendszer része volt.

23. Rohrau bár a Várvidékkel csak szomszédos település, az életében Kismartonhoz erősen kötődő zeneszerző, Joseph Haydn szülőháza nem maradhat ki könyvünkből.

20–21. Das Barockschloss in Kittsee ließ Paul von Esterházy zwischen 1730 und 1740 erbauen. Nach 1780 gelangte es in den Besitz der Adelsfamilie Batthyány. In diesem Schloss richtete Dr. László Batthyány-Strattmann sein erstes Krankenhaus ein.

22. An der Feldmark von Kittsee steht der Heidenturm, einst Bestandteil des Grenzschutzsystems.

23. Obwohl Rohrau nur in der Nachbarschaft des Burgenlandes liegt, darf das Geburtshaus von Joseph Haydn in unserem Buch nicht fehlen. Der weltberühmte Komponist stand zu Lebzeiten mit Eisenstadt in enger Verbindung.

▽ 23

△ 24

△ 25

▽ 26

24. Királyhidával egybeépülve, a Lajta-folyó alsó-ausztriai oldalán fekszik Bruck, falai Ausztriát védték.

25. Az első világháborúban elesett magyar és osztrák katonák közös emlékműve Királyhidán.

26. Nezsider a Fertő tó északi települése. A falu feletti magaslaton egy XII–XIII. századi királyi vár (Tábor) lakótornyának romja áll, mely a Rákóczi-szabadságharc idején az „Öreg sánc" déli hídfője volt.

27–28. A Fertő tó északnyugati partjának domboldala jelentős szőlőtermelő vidék. A képeken Feketeváros és Nezsider pincesora látható.

24. Längst zusammengewachsen: Bruckneudorf an der Leitha und Bruck an der Leitha am niederösterreichischen Leitha-Ufer. Ihre Stadtmauern schützten einst Österreich.

25. Das gemeinsame Denkmal für die im Ersten Weltkrieg gefallenen ungarischen und österreichischen Soldaten steht in Bruckneudorf an der Leitha.

26. Neusiedl am See liegt am Nordufer des Neusiedlersees. Auf der Erhebung über dem Dorf steht die Ruine des Wohnturms einer königlichen Burg (Tabor) aus dem 12.–13. Jh. Der Turm diente während des Freiheitskampfes unter Führung des ungarischen Fürsten Ferenc Rákóczi II. als südlicher Brückenkopf des „Alten Walls".

27–28. Die Hügellandschaft am Nordwest-Ufer des Neusiedlersees ist ein bedeutendes Weinanbaugebiet. Auf den Bildern sind die Weinkellerstraßen von Purbach und Neusiedl am See zu sehen.

△ 29

▽ 30

▽ 31

29. Régi polgárház Széleskúton, melyben a serege élén Bécs ellen vonuló Bethlen Gábor erdélyi fejedelem is megszállt 1619-ben.

30. Széleskút 1689-ben kapta meg a jogot évente két vásár tartására. A vásár napja egyben az igazságszolgáltatás napja is volt, ennek emlékét őrzi a kaloda. Mögötte a Török-torony áll, melynek földszintje volt a börtön.

31. A gazdagon díszített zárterkélyes lakóházak Széleskút főutcáján a szőlőtermelés jövedelmezőségéről tanúskodnak.

32. Széleskút jellegzetes épülete a XVII. század második felében épült Török-torony, mely a település védelmi rendszerének volt része. A párkány alatti erkélyről szép kilátás nyílik a környékre.

29. Altes Bürgerhaus in Breitenbrunn. 1619 verweilte hier auch Gábor Bethlen, Fürst von Siebenbürgen, als er seine Truppen gegen Wien führte.

30. Breitenbrunn bekam 1689 das Recht zugesprochen, zweimal jährlich Markt abzuhalten. Am Markttag fand zugleich auch die Rechtssprechung statt. Daran erinnert noch heute der Block (das Halseisen). Dahinter steht der Türkenturm mit dem ehemaligen Gefängnis im Erdgeschoss.

31. Die mit Erkern reich verzierten Wohnhäuser auf der Hauptstraße von Breitenbrunn zeugen von der Einträglichkeit des Weinanbaus.

32. Breitenbrunns Wahrzeichen, der Türkenturm aus der zweiten Hälfte des 17. Jh., war einst Teil des Schutzwalls der Siedlung. Vom Balkon aus bietet sich ein malerischer Blick auf die Umgebung.

△ 33

▽ 34

▽ 35

△ 36

▽ 37

33. A Fertő tó nyugati partvidékén fekszik az elsősorban szőlőműveléséről nevezetes Feketeváros, boráról már egy XIII. századi oklevél is említést tesz. A törökök kétszer is lerombolták, ezért 1630 és 1634 között bástyákkal megerősített városfallal vették körül. Három kapuja közül a Török-kapu védelme volt a legerősebb, a városba ma is e kapun keresztül vezet az út.

34. Feketeváros talán legszebb háza, a „Nikolauszeche" a XVI. században épült késő reneszánsz stílusban, valószínűleg egy apátsági birtok jószágigazgatóságának adott otthont.

35. A monda szerint Kőszeg ostroma idején Feketeváros lakossága elmenekült egy török portyázó csapat elől. Az ún. Török-pincében az egyik részeg katona ottragadt, majd kijózanodva a kéményen próbált menekülni. A város lakói elfogták, de megkegyelmeztek neki, aki ezután keresztény hitre térve hűségesen szolgálta a ház tulajdonosát. Emlékét turbános török fej őrzi a kéményen.

36–37. Feketeváros régi házai és gazdasági épületei középkori hangulatot ébresztenek a látogatókban.

33. Am Westufer des Neusiedlersees liegt Purbach, bekannt vor allem durch den Weinanbau. Der hiesige Wein wird urkundlich bereits im 13. Jahrhundert erwähnt. Von den drei Toren war der vom Türkentor gewährte Schutz am stärksten. Der Weg in die Stadt führt heute noch durch dieses Tor.

34. Die „Nikolauszeche" ist vielleicht das schönste Gebäude in Purbach. Es wurde im 16. Jahrhundert im Stil der Spätrenaissance erbaut und beherbergte wahrscheinlich die Gutsverwaltung einer Abtei.

35. Eine Legende erzählt, dass während der Belagerung von Güns (ung.: Kőszeg) die Einwohnerschaft von Purbach vor einer türkischen Truppe geflüchtet sei. Im sog. Türkenkeller blieb ein betrunkener Türke zurück. Als er wieder nüchtern wurde, versuchte er, durch den Kamin zu flüchten. Die Einwohner nahmen ihn jedoch fest, um ihn später aber wieder zu begnadigen. Daraufhin bekehrte er sich zum christlichen Glauben und diente dem Hausbesitzer in Treue. Der türkische Kopf mit Turban auf dem Kamin gilt seinem Gedenken.

36–37. Die Besucher fühlen sich durch die alten Häuser und Wirtschaftsgebäude in Purbach ins Mittelalter zurückversetzt.

△ 38

△ 39

▽ 40

38. A népi építészet számos emlékével találkozhatunk a Fertő tó környékén. Az utak szélén, falvak terein képoszlopok vagy szentek oszlopszobrai buzdítják az utazót imára. A nezsideri Krisztus-oszlop 1609-ben készült.

39. Nyulas községben is a népi építészet stílusát őrzi több parasztház.

40. Fertőfehéregyháza Szent Márton-plébániatemploma 1676-ban épült a Lajta-hegység oldalán, késő barokk stílusban.

41. Ruszt a történelmi Magyarország legkisebb városa volt, szépségét és középkori hangulatát tekintve azonban a legjelentősebbek közé sorolható. Ősi szőlőművelő vidék központi települése, ahol a jelek szerint már a római korban termelték a szőlőt. Első okleveles említése 1317-ből ismert. A város kezdetben sokat szenvedett az oszmánok pusztításai miatt, később megkímélték, ennek köszönhető, hogy máig fennmaradt XVII. századi városképe. 1704 és 1708 között többször itt volt a kurucok főhadiszállása Károlyi Sándor, Bercsényi Miklós, majd Esterházy Antal vezetésével. A képen látható, XVI. századi alapokon álló városháza mai barokk formáját 1703-ban nyerte.

42–43. Történelmi hangulatot kölcsönző szép polgárházak Ruszton.

38. Die Landschaft um den Neusiedlersee ist reich an Bauten der Volksbaukunst. Auf den Strassen und Dorfplätzen rufen Bilderstelen und Skulpturen der Säulenheiligen die Reisenden zum Gebet. Die Christus-Säule in Neusiedl am See wurde 1609 geschaffen.

39. Echte Bauernhäuser in Jois.

40. Die spätbarocke Pfarrkirche des Heiligen Martin in Donnerskirchen von 1676 am Fuße des Leitha-Berges

41. Rust war die kleinste Stadt im historischen Ungarn. Betrachtet man jedoch ihre Schönheit und das mittelalterliche Flair, so gehört sie gewiss zu den bedeutendsten. Sie war die zentrale Siedlung innerhalb eines uralten Weinanbaugebietes, wo allen Anzeichen nach Wein bereits in der Römerzeit angebaut wurde. Urkundlich wird Rust 1317 zum ersten Mal erwähnt. Die Stadt litt anfangs sehr unter den Zerstörungen der Türken. Später verschonten diese die Stadt, allein diesem Umstand ist es zu verdanken, dass das Stadtbild aus dem 17. Jh. bis heute erhalten blieb. Zwischen 1704 und 1708 lag hier im Ort mehrmals das Hauptquartier der ungarischen Aufständischen unter Leitung ihrer Anführer Sándor von Károlyi, Miklós von Bercsényi und Antal von Esterházy. Das Stadthaus (Bild) aus dem 16. Jahrhundert bekam seine heutige barocke Form 1703.

42–43. Schöne Bürgerhäuser mit historischem Charme in Rust.

△ 41　　　▽ 42　　　▽ 43

△ 44   ▽ 45   ▽ 46

44–45, 47. A Halász-templom Ruszt legértékesebb épülete. A hagyomány szerint Nagy Lajos király lánya, Mária magyar királynő (1382–1395) építtette a gótikus Mária-kápolnát egy korábbi, XII. századi, román stílusú kápolna déli oldalához hálából azért, mert a ruszti halászok kimentették a viharos Fertő tóból. A XII. századi kápolna helyébe 1400 körül emelték a Pongrác-kápolnát ugyancsak gót stílusban. A két kápolnát a XVI. század első felében kereszthajóval kötötték össze. A Pongrác-kápolna falfestményei – többek között – Mária megkoronázását, passiójeleneteket, Szent Katalint és Szent Borbálát ábrázolják.

46. A Halász-templom Mária kápolnájában áll az az 1450-ben készített gótikus Holdsarlós Madonna-szobor, melynél Mária egy férfifejet lefelé ívelve fedő holdsarló fölött áll.

44–45, 47. Das wertvollste Bauwerk in Rust ist die Fischerkirche. Einer Legende nach ließ die ungarische Königin Maria, Tochter des Ungarnkönigs Ludwig (ung.: Lajos) des Großen, als Dank dafür, dass die Fischer aus Rust sie aus dem stürmischen Neusiedlersee gerettet hatten, die gotische Marienkapelle an die Südseite einer früheren romanischen Kapelle aus dem 12. Jh. bauen. An die Stelle der alten Kapelle aus dem 12. Jh. baute man um 1400 die Pongrác-Kapelle, ebenfalls im gotischen Stil. Die zwei Kapellen wurden in der ersten Hälfte des 16. Jh. durch ein Kreuzgewölbe miteinander verbunden. Die Fresken in der Pongrác-Kapelle zeigen u.a. die Krönung der Maria, Szenen aus der Passion, die Heilige Katharina und die Heilige Barbara.

46. In der Marienkapelle der Fischerkirche steht die gotische Skulptur der Mondsichel-Madonna von 1450. Maria steht auf der Mondsichel, die, sich nach unten wölbend, ein Manneshaupt bedeckt.

48. 1512-ben, majd a török pusztítások után, 1614-ben megerősítették Ruszt városfalait. A képen a tavi városkapu és a lőportorony látható.

49. Rusztot töltésút köti össze a Fertő tóban lévő kikötővel és fürdővel. Az út mellett náddal fedett, cölöpökön álló faházak sorakoznak.

50. Oszlop plébániatemploma gót stílusban épült a XIV. században, jelenlegi formáját a XVI. és XVIII. századi átépítések során nyerte.

51–52. Fertőmeggyes boráról híres község jellegzetességei az ún. udvarközök (Hofgassék), a párhuzamos utcákat összekötő keskeny udvarok. A fehérre meszelt, oromzatos, oszlopos tornácú házakat virággal, kukorica- és paprikafüzérrel díszítik.

48. Zweimal – 1512 und 1614, nach der Zerstörung durch die Türken – ließ man die Stadtmauern von Rust verstärken. Das Foto zeigt das Stadttor am See und den Schießpulverturm.

49. Von Rust führt ein Dammweg zum Hafen und zum Freistrand am Neusiedlersee. Am Weg reihen sich schilfbedeckte Pfahlbauten aneinander.

50. Die gotische Pfarrkirche aus dem 14. Jahrhundert in Oslip wurde im 16. und im 18. Jahrhundert umgebaut.

51–52. Charakteristisch für die durch ihren Wein berühmte Gemeinde Mörbisch sind die sog. „Hofgassen". Diese schmalen Gassen verbinden die parallelen Straßen miteinander.

△ 50 ▽ 51 ▽ 52

△ 53

54. Szentmargitbánya határában van Európa legnagyobb és legrégebbi kőfejtője, melyet már a rómaiak is műveltek, s a középkorban Bécs épületeihez, például a Szent István-dómhoz innen szállítottak követ. A bánya ötven éve kőfaragók szimpóziumainak és szabadtéri játékoknak ad otthont. Az 1989-ben megnyitott magyar határon átkelő keletnémet menekültek Szentmargitbányára érkeztek.

54. An der Ortsgrenze von St. Margarethen befindet sich Europas größte und älteste Steingrube. Bereits die Römer hatten sie betrieben. Im Mittelalter wurde der Stein von hier aus für die Bauarbeiten nach Wien geliefert. In der Grube finden seit 50 Jahren verschiedene Steinbildhauer-Symposien und Freilichtspiele statt. 1989 trafen die DDR-Flüchtlinge nach der Öffnung der Staatsgrenze zwischen Österreich-Ungarn in St. Margarethen ein.

▽ 54

53., 55. A török pusztítások során elnéptelenedett várvidéki falvak egy részébe horvátokat telepítettek, akik szívesen költöztek a törökök által leigázott országukból északra, a nagyobb biztonságot nyújtó Magyarországra. A képeken horvát parasztházak láthatók Darázsfalu községben.

56. Horvát parasztház Oszlopon.

53., 55. In einem Teil der durch die türkischen Zerstörungen entvölkerten Dörfer des Burgenlandes wurden Kroaten angesiedelt. Diese kamen gern in das eine größere Sicherheit bietende Ungarn, nördlich von ihrer unter türkischem Joch leidenden Heimat. Das Bild zeigt kroatische Bauernhäuser in Traunsdorf.

56. Kroatisches Bauernhaus in Oslip.

57–58. Kismarton a Várvidék központja, az Esterházy család városa. A település első okleveles említése 1118-ból ered, Kismartonnak a XIV. századtól nevezik. Előbb a Martunzabou és Gutkeled nemzetség, később a Kanizsai család birtoka. A XV. században osztrák kézre került, Mátyás király a császárnál lévő koronáért cserébe lemondott Kismartonról, bár 1482-ben átmenetileg visszafoglalta. 1622-ben II. Ferdinánd császár a várost elzálogosította Esterházy Miklósnak. A XVII. században a település elvesztette védelmi feladatait, városfalait lebontották, és ezzel egy időben megnőtt kulturális szerepe.

Az Esterházy család a Salamon nemzetségből származtatja magát. Grófi rangot 1626-ban nyertek, és a fraknói grófok 1687-ben hercegségre emelkedtek. A kastély egy régi vízivár helyén épült 1663 és 1672 között, Carlo Martino Carlone építész terve szerint. Parkjában áll az ún. Leopoldina-emlékkápolna, mely Leopoldina hercegnő Canova által készített szobra számára készült 1819-ben.

◁ 57

57–58. Die Landeshauptstadt vom Burgenland ist Eisenstadt, Hauptsitz der Herzogsfamilie Esterházy. Urkundlich wird sie 1118 erstmals erwähnt; der Name Eisenstadt taucht jedoch erst im 14. Jahrhundert auf. Zunächst gehörte sie der Sippe Martunzabou und Gutkeled, später dann der Adelsfamilie Kanizsai. Im 15. Jahrhundert ging Eisenstadt in österreichischen Besitz über, als der Ungarnkönig Matthias Corvinus die Stadt dem Kaiser für die Krone abgetreten hatte, die sich beim Kaiser befand. Obwohl Matthias Corvinus die Stadt 1482 vorübergehend zurückerobert hatte, verpfändete sie Kaiser Ferdinand II. an Nikolaus von Esterházy. Im 17. Jahrhundert wurden die nunmehr unnötigen Stadtmauern abgerissen, und Eisenstadt übernahm statt der früheren Schutzaufgaben eine immer größere Rolle im kulturellen Leben.

Die Familie Esterházy führt ihren Stammbaum bis zum ungarischen König Salamon (1063–1074) zurück. Den Grafentitel bekam die Familie 1622 verliehen, die Grafen zu Forchtenstein wurden 1687 in den Herzogsrang gehoben. Das Esterházy-Schloss in Eisenstadt entstand nach Plänen des Baumeisters Carlo Martino Carlone in den Jahren zwischen 1663 und 1672 auf den Ruinen einer Wasserburg. Im Schlosspark steht die Leopoldina-Gedenkkapelle, gebaut 1819 für die von Canova geschaffene Skulptur der Herzogin Leopoldina.

▽ 58

59. Az Esterházy-kastély homlokzatát magyar királyok és vezérek mellszobrai díszítik, a bejárat felett Madonna kép, alatta Esterházy Miklós és Pál szobra látható.
60. A kastéllyal szemben áll az őrség, az istálló és lovasiskola számára 1793-ban emelt épület.
61. A Hegyi-templom őrzi Joseph Haydn sírját. A templommal egybeépült a képen látható kegykápolna és keresztút, utóbbi 24 állomással.
62. A XVIII–XIX. században Kismarton híres kulturális központ. A hercegi zenészek karmestere Joseph Haydn volt, akinek 1766 és 1778 közötti otthona a róla elnevezett utcában áll.

59. Die Fassade des Schlosses Esterházy ist mit Büsten ungarischer Könige und Fürsten reich verziert; über dem Eingang sind ein Madonnenbild, darunter Skulpturen von Nikolaus und Paul von Esterházy zu sehen.
60. Dem Schloss gegenüber steht das prachtvolle Gebäude der Spanischen Reitschule aus dem Jahre 1793, das auch der Wache dient und als Pferdestall genutzt wird.
61. In der Bergkirche befindet sich das Grab Joseph Haydns. Das Foto zeigt die an die Kirche gebaute Gnadenkapelle und den Kreuzweg mit 24 Stationen.
62. Eisenstadt war im 18. und im 19. Jahrhundert ein sehr berühmtes Kulturzentrum. Dirigent des herzoglichen Orchesters war Joseph Haydn. Das Haus, in dem der weltberühmte Komponist von 1766–1778 lebte, steht in der nach ihm benannten Strasse.

△ 61

▽ 62

△ 63

▽ 64

63. Kismarton egyik legszebb épülete a Városháza. Az épület homlokzatát három zárt erkély töri meg, falát freskók díszítik. A képek a sarkalatos és az isteni erényeket ábrázolják.

64. A törökök által lerombolt ferences templomot 1629-ben építtette újjá Esterházy Miklós. A templom és kolostor kriptája 1705-től az Esterházyak temetkezési helye.

65. Az Esterházy családban Szűz Mária tiszteletének régi és erős hagyománya volt, talán ennek is köszönhető, hogy a Várvidéken oly sok Mária-kegyhely van. Esterházy Pál herceg, Magyarország nádora két könyvet írt és adatott ki a Boldogságos Szűz hazai kegyhelyeiről Nagyszombatban, az ország akkori egyházi központjában, 1690-ben és 1696-ban. A 2003-ban teljes felújítás alatt álló gótikus Szent Márton-székesegyház őrzi az 1769-ben készült ún. harmadik kismartoni kegyképet.

66. A kálvária első keresztút-állomását képező kápolnában áll Felser Mihály 1690-ben készített kegyszobra, az Einsiedelni Madonna.

67. Az irgalmasok rendjét Esterházy Antal 1759-ben telepítette le Kismartonban.

63. Eines der schönsten Bauwerke in Eisenstadt ist das Stadthaus. Die Fassade wird durch drei Erker unterbrochen, die Wände sind reich mit Fresken verziert. Auf den Bildern sind die Kardinal- und die Göttlichen Tugenden kunstvoll dargestellt.

64. Die von den Türken zerstörte Franziskanerkirche ließ Nikolaus von Esterházy 1629 neu erbauen. Die Krypta der Kirche und des Klosters ist seit 1705 Grabstätte der Herzogsfamilie Esterházy.

65. Die Tradition der Marienverehrung ist in der Familie Esterházy seit jeher stark verwurzelt. Wahrscheinlich erklärt das die Tatsache, dass es im Burgenland so viele der Gottesmutter gewidmete Gnadenorte gibt. Herzog Paul von Esterházy, Palatin Ungarns, schrieb zwei Bücher über ungarische Mariengnadenorte und ließ diese 1690 und 1696 in Tyrnau (hist.: Nagyszombat, heute: Trnava), dem damaligen Zentrum der katholischen Kirche in Ungarn, herausgeben. Das sog. dritte Eisenstädter Gnadenbild aus dem Jahre 1769 befindet sich in der Martinskathedrale. 2003 wurde mit der umfassenden Restaurierung des gotischen Bauwerks begonnen.

66. In der Kapelle, der ersten Station des Kreuzweges, steht die Gnadenfigur der Madonna zu Einsiedeln, ein Werk von Michael Felser aus dem Jahre 1690.

67. Die Barmherzigen Brüder und Schwestern rief Anton von Esterházy 1759 nach Eisenstadt.

△ 65

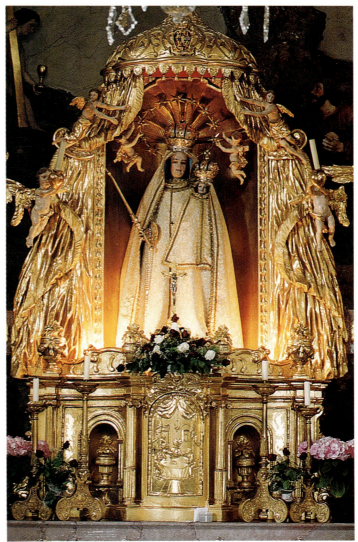

△ 66

▽ 67

△ 68 ▽ 69

68. A Lajta-hegység déli lábánál fekszik Nagyhöflány község. A település az 1529-es török pusztítás következtében elnéptelenedett, ezért horvátokat telepítettek be. A falu 1622-ben került az Esterházyak birtokába. Az ún. Pleininger-ház a XVII. században épült barokk stílusban, az Esterházy birtok része volt. A szép polgárház ablakai között, az üvegezett falfülkében Szűz Mária képe látható.

69. A Pleininger-ház előtti téren áll az egykori szégyenoszlop, melyet 1714-ben állítottak fel.

70. Kishöflányt 1970-ben Kismartonhoz csatolták. A falu Szent Vid-templomának szentélye a XV. században épült késő gót stílusban, ehhez csatlakozott 1528-ban a hajó, majd 1700-ban a torony.

71. Lajtaszék községet Rupprecht von Stotzingen alapította 1583-ban. Templomát 1610-ben szentelték fel, mely hamarosan búcsújáróhely lett. A plébániát szervita szerzetesek látták el. 1683-ban a törökök lerombolták, a mai templomot 1744-ben építették.

68. Am Südhang des Leitha-Berges liegt die Gemeinde Grosshöflein. Infolge der Zerstörung durch die Türken im Jahre 1529 wurde die Siedlung entvölkert, und deshalb siedelte man hier Kroaten an. Das Dorf gelangte 1622 in den Besitz der Familie Esterházy. Das barocke Pleininger-Haus entstand im 17. Jahrhundert und gehörte zum Esterházy-Gut. Die verglaste Wandnische zwischen den Fenstern des prachtvollen Bürgerhauses birgt ein Marienbild.

69. Auf dem Platz vor dem Pleininger-Haus steht der ehemalige Pranger von 1714.

70. Kleinhöflein wurde 1970 in Eisenstadt eingemeindet. Das spätgotische Sanktuarium der Veithskirche stammt aus dem 15. Jahrhundert, ihm wurden 1528 das Schiff und 1700 der Turm angegliedert.

71. Die Gemeinde Stotzing gründete Rupprecht von Stotzingen im Jahre 1583. Die Kirche entwickelte sich kurz nach der Weihe im Jahre 1610 zu einer bekannten Pilgerstätte. In der Pfarrei dienten Brüder des Servitenordens. Sie wurde 1683 von den Türken zerstört. Die heutige Kirche entstand 1744.

△ 70

▽ 71

△ 72

△ 73 ▷ 74

72. A lorettomi „Fekete Madonna" az itáliai kegyszobor másolata.

73. A Szent István-mellékoltár képe Lorettom kegytemplomában Nádasdy Ferenc feleségének, Esterházy Juliannának adománya.

74. Amióta a legenda szerint az angyalok Szűz Mária házát Názáretből átvitték az itáliai Loretoba, azóta a világ minden részén épültek Loreto-kápolnák. Magyarországon az elsőt Nagy Lajos király állíttatta a budavári Nagyboldogasszony-templomban, majd ezt követték az olasz földet megjárt királyaink és főuraink alapításai. A régi Sopron megyének északi sarkában fekvő Lajtaszék (Stotzing) határában először 1431 körül építtetett kápolnát Kanizsai János esztergomi érsek. E kápolna már régen romokban hevert, amikor az osztrák Stotzingen-család átvette a Kanizsaiak örökségét. 1644-ben báró Stotzingen János az itáliai Loretoban fogadalmat tett, hogy hazatérve Loreto-kápolnát építtet. A kápolna helyét egy erdei keresztnél jelölte ki, melyről nem tudta, hogy a régi Kanizsai-féle kápolna romjaiból származik. Az új kápolnát a loretoival azonosra építették, ebben helyezték el az itáliai kegyszobor másolatát. A kápolna gondozását Stotzingen János a szervitákra bízta. A kegyhely körül kialakult település a Lorettom nevet kapta. Alig hat évvel a kápolna felszentelése után Lorettom királyi döntéssel Nádasdy Ferenc birtokába jutott. A legenda szerint miután az új birtokos egy súlyos betegségből felgyógyult, fogadalmi templomot és kolostort építtetett a kis kápolna mellé. Az 1683. évi török háborúban súlyosan megsérült épületegyüttest 1707-ben Esterházy Pál herceg újíttatta fel, s a Fraknó várában megmentett berendezéseit visszahelyezte.

72. Die „Schwarze Madonna" in Loretto ist eine Kopie der italienischen Gnaden-Statue.

73. Das Stephansbild des Seitenaltars in der Gnadenkirche von Loretto ist eine Stiftung der Gattin Ferenc von Nádasdys: Julianne von Esterházy.

74. Seit die Engel – so besagt die Legende – das Haus der Maria von Nazareth nach Loreto in Italien getragen hatten, entstanden weltweit Loreto-Kapellen. Die erste in Ungarn ließ Ungarnkönig Ludwig der Große in der Liebfrauenkirche (volkstümlich: Matthias-Kirche) in der Ofener Burg einrichten. Ihr folgten zahlreiche Stiftungen von Ungarnkönigen und ungarischen Fürsten, die Italien besucht hatten. Am Ortsausgang von Stotzing am Nordzipfel des historischen Komitates Ödenburg/Sopron ließ als erster Johann Kanizsai, Erzbischof zu Gran (ung.: Esztergom) um 1431 eine Kapelle bauen. Diese Kapelle war längst eine Ruine, als die österreichische Familie Stotzing die Erbschaft der Kanizsais übernahm. 1644 gelobt Freiherr Johann von Stotzingen im italienischen Loreto, dass er zuhause eine Loreto-Kapelle bauen lassen werde. Heimgekehrt bestimmte er den Ort für die Kapelle an einem Waldkreuz. Er wusste nicht, dass das Kreuz ein Ruinenrest der alten Kanizsai-Kapelle war. Die neue Kapelle wurde eine Nachempfindung des Originals in Loreto. Die Kopie der italienischen Gnaden-Statue wurde darin aufgestellt. Mit der Pflege der Kapelle hatte Johann von Stotzingen den Servitenorden beauftragt. In den folgenden Jahren entstand eine neue Siedlung um den Gnadenort, sie bekam den Namen Loretto. Kaum sechs Jahre nach der Weihe der Kapelle sprach ein königlicher Beschluss Loretto dem Erzbischof Franz Kanizsai zu. Laut Legende ließ der neue Besitzer nach einer schweren Krankheit eine Votivkirche und ein Kloster um die kleine Kapelle errichten. Das Gebäudeensemble wurde im Krieg gegen die Türken 1683 schwer beschädigt. Herzog Paul von Esterházy ließ es 1703 erneuern und erstattete die in das Schloss Forchtenstein geretteten Einrichtungen zurück.

 △ 75

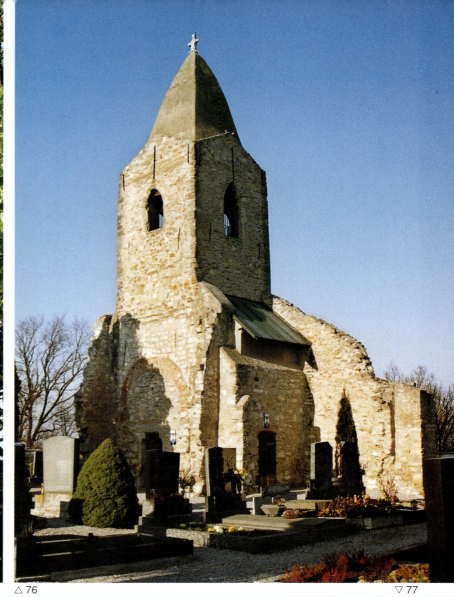 △ 76

▽ 77

△ 78   ▽ 79

75. A Győri kereszt Pálffy Miklósnak állít emléket Lajtapordányban, aki 1598-ban visszafoglalta Győr várát a töröktől.

76. A „Pfefferbüchse" néven ismert templomrom Lajtapordány temetőjében áll, a heiligenkreuzi ciszterciek építtették 1285-ben román stílusban, gótikus toronnyal. 1683-ban a törökök rombolták le.

77. Lajtapordány vízivárát II. Ottokár cseh király 1273-ban pusztította el.

78. A honfoglalás óta határőr település volt Vimpác. Mai temploma 1723-ban épült a korábbiak helyén. 1587-ben ferencesek, 1628-tól minoriták szolgáltak a templom melletti kolostorban.

79. A középkorban uradalmi központ volt Szarvkő. Várát Lackfi István erdélyi vajda építtette 1340-ben az osztrákok betörései ellen. 1463-ban, a Mátyás király és III. Frigyes közti háborúban pusztult el, mára egyetlen köve sem maradt fenn. A képen látható szégyenoszlop a kőgolyóval a település központjában áll.

75. In Leithaprodersdorf steht das Raaber Kreuz Miklós von Pálffy zum Gedenken. 1598 eroberte er die Burg in Raab von den Türken zurück.

76. Die unter dem Namen „Pfefferbüchse" bekannte Kirchenruine steht auf dem Friedhof in Leithaprodersdorf. Zisterzienser aus Heiligenkreuz erbauten sie 1285 im romanischen Stil und mit einem gotischen Turm. Die Türken zerstörten sie 1683.

77. Die Wasserburg in Leithaprodersdorf ließ der tschechische König Ottokar II. 1273 zerstören.

78. Wimpassing war seit der Landnahme der ungarischen Stämme (895/96) eine Grenzsiedlung. Die heutige Kirche wurde 1723 anstelle der früheren errichtet. Im benachbarten Kloster dienten 1587 Franziskaner, ab 1628 gehörte es den Minoriten, einem selbständigen Zweig des Franziskanerordens.

79. Hornstein war im Mittelalter ein herrschaftliches Zentrum. Den Bau der Burg veranlasste 1340 Stephan von Lackfi, Woiwode von Siebenbürgen, zur Abwehr der Einbrüche der Österreicher. Völlig zerstört wurde sie 1463 im Krieg zwischen Ungarnkönig Matthias Corvinus und Kaiser Friedrich II. Von ihr wurde nicht einmal ein Stein der Nachwelt überliefert. Das Foto zeigt den Pranger mit der Steinkugel im Dorfzentrum.

80. Vulkapordány védőfallal övezett temploma egy XIV. századi gótikus templomerőd helyén épült 1630 és 1642 között, tornya 1801-ből származik.
81. Parasztház Zemenye községben 1858-ból.
82. Pecsenyéd már az avar időkben földvárral rendelkező vécelmi hely volt. A XI. században Árpádházi királyaink besenyő határőröket telepítettek ide, de az első német telepesek már a tatárjárás után megjelentek. Temploma 1728-ban készült el a korábbi, lerombolt helyén.
83. Lajtaszentmiklós egykori magyar határvédő település a Lajta folyó átkelőjénél. Plébániatemploma 1669-ben épült, búcsújáró hely volt.

80. Die von einer Schutzmauer umgebene Kirche in Wulkaprodersdorf wurde zwischen 1630 und 1642 anstelle einer gotischen Kirchenfestung aus dem 14. Jahrhundert gebaut. Den Turm erhielt sie erst 1801.
81. Bauernhaus in der Gemeinde Zemendorf von 1858.
82. Pötsching verfügte bereits in der Awarenzeit über eine Erd-Wallburg und diente als Schutzort. Die ungarischen Könige siedelten hier Petschenegen als Grenzwache an. Nach dem Mongolensturm trafen hier Einwanderer aus Deutschland ein. An die Stelle der zerstörten Vorgänger-Kirche wurde 1728 die heutige gesetzt.
83. Neudörfl war einst ein ungarisches Grenzschutzdorf am Flussübergang der Leitha. Die Pfarrkirche aus dem Jahre 1669 war eine Wallfahrtsstätte.

△ 84 ▽ 85

84. Petőfalva község első okleveles említése 1271-ből ismert. A Vulka völgyének legjobb vörös bora, a Bismark bor itt készül. A falu katolikus templomát Mária születésének szentelték 1797-ben, „Köves Madonna" kegyképe XVII. századi. A templomot régi temető veszi körül, melynek harangtoronyként is szolgáló kapuját 1680-ban építették.

85. Petőfalva főutcájában található az Erzsébet-kereszt, mely az 1898-ban meggyilkolt magyar királynénak állít méltó emléket.

86. Kisboldogasszony katolikus templomát már egy 1261-es okirat említi. A mai templomot Esterházy Pál építtette a törökök kiűzése után. Kegyképe, a „Fekete Madonna" is az Esterházyak ajándéka, a fraknói várból került ide. Kisboldogasszony a Mariazellbe tartó magyar zarándokok egyik kedvelt állomáshelye volt.

87. A kegytemplommal szemközt áll az egykori temetőkápolna, mely korai gótikus stílusban épült, román alapokra. Kisboldogasszony legrégebbi műemléke.

84. Pöttelsdorf wurde urkundlich erstmals 1271 erwähnt. Der beste Rotwein des Wulka-Tals, der „Bismark", wird hier produziert. Die katholische Dorfkirche wurde 1797 der Geburt Mariä geweiht. Das Gnadenbild „Steinerne Madonna" stammt aus dem 17. Jh. Die Kirche ist von einem alten Friedhof umgeben, das Tor, zugleich Glockenturm, ist ein Bauwerk von 1680.

85. Auf der Hauptstrasse von Pöttelsdorf steht das Elisabeth-Kreuz zum Gedenken an die im Jahre 1898 ermordete ungarische Königin.

86. Die katholische Kirche in Kleinfrauenhaid wird bereits 1261 in einer Urkunde erwähnt. Seine heutige Gestalt erhielt das Bauwerk nach der Vertreibung der Türken; Paul von Esterházy ließ die Kirche neu aufbauen. Das Gnadenbild „Schwarze Madonna" ist ebenfalls ein Geschenk der Familie Esterházy. Es wurde aus der Burg Forchtenstein in die Kleinfrauenhaider Kirche gebracht.

87. Gegenüber der Gnadenkirche steht die frühere Friedhofskapelle, errichtet auf romanischer Bausubstanz im gotischen Stil. Sie ist das älteste, unter Denkmalschutz stehende Bauwerk in Kleinfrauenhaid.

88. Márcfalva a XIII. század elejétől a besenyők vezető nemzetségének, az Osli nembeli Móroc-ágnak volt a birtoka. Kezdettől volt kőtemploma, mely a török pusztítások után 1691-ben nyerte el mai formáját. A templomerőd falait a XV–XVI. században építették.

89–90. Az egyetlen magyar alapítású férfi rend bölcsője a Mecsek és a Pilis hegység, ahol már a X. századtól éltek magányt kereső remeték. A hagyomány szerint Özséb esztergomi kanonokból lett remete a tatárjárást követő nehéz időszakban, 1250 körül látomást észlelt: kis lángok indultak el felé és egyesültek előtte, amit égi jelnek tekintett. Összegyűjtötte tehát a magányos remetéket, és közösséget szervezett részükre. Kezdetben Bertalan pécsi püspök reguláját követték. Példaképüknek Thébai Szent Pált tekintették, aki az új rend védőszentje, majd névadója lett. 1308-ban V. Kelemen pápa hivatalosan is elismerte a rendet, és tagjainak előírta a Szent Ágoston szabályzata szerinti életet. A pálos rend Sopronkertes határában épített monostort a világtól elvonult szerzetesei számára 1475-ben, Grafaneck Ulrich birtokos adományaként. A monostor rendkívül rövid életű volt, mert 1493-ban tűzvész áldozata lett. A középkori falmaradványokat 1762-ben felújították, a templom szentélyét, a kijárati folyosót, a sekrestyét és a perjel-kápolnát közös homlokfallal zárták le, a templomhajóból és a monostor többi részéből semmi nem maradt.

88. Marz gehörte ab Anfang des 13. Jahrhunderts den Petschenegen, und zwar dem Móroc-Zweig aus der führenden Petschenegen-Sippe Osli. Von Anfang an gab es hier eine Steinkirche, sie wurde 1691 nach den Verwüstungen durch die Türken in ihrer heutigen Form wieder aufgebaut.

89–90. Der einzige Mönchsorden ungarischer Gründung, der Paulinerorden, baute 1475 ein Kloster für seine sich von der Welt zurückziehenden Eremiten bei Baumgarten. Es war eine Stiftung des Gutsherren Ulrich von Grafaneck. Das Kloster bestand nur kurze Zeit, 1493 fiel es nämlich einem Feuerbrand zum Opfer. 1762 wurden die verbliebenen mittelalterlichen Mauern restauriert. Das Sanktuarium, der Ausgangsflur, die Sakristei und die Priorkapelle wurden durch eine gemeinsame Stirnwand abgeschlossen, vom Kirchenschiff und den anderen Klosterbauten blieb nichts erhalten.

△ 86   ▽ 87

△ 88

▽ 89 ▷ 90

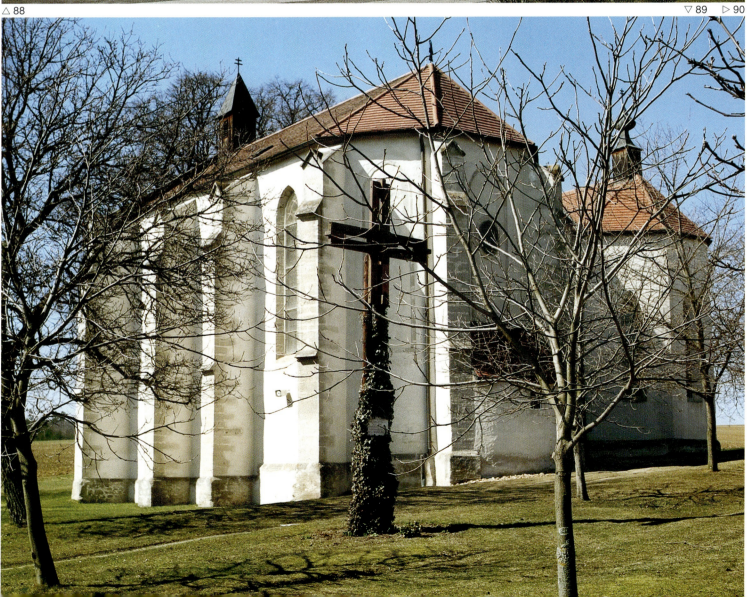

91–94. A magyar királyoknak jó szolgálatot tevő Simon spanyol gróf volt a Nagymartoni család alapítója. Leszármazottjai a XIV. század elején kezdték építeni Fraknó várát, nevüket is Fraknóira módosították. A bevehetetlen erődítményt a törökök meg sem kísérelték elfoglalni. 1622-ben Esterházy Miklós 400 ezer forintért zálogba kapta, s az Öregtorony kivételével teljesen átépíttette, a munkákat Esterházy Pál fejezte be 1660 körül. A vár ma is Esterházy-birtok. A várkápolnában az ősi kegykép másolata látható, felirata: „Regina haereditaria Hungariae ora pro", azaz: Magyarország örökletes királynéja, könyörögj érettünk! A várkapu körüli falfülkékben Szűz Mária, Szent István, Szent Imre, Szent László és Szent Vencel szobrai állnak.

91–94. Der spanische Graf Simon, der den ungarischen Königen gute Dienste erwies, war Begründer der Familie Nagymartoni. Seine Nachkommen begannen mit dem Burgenbau in Forchtenstein Anfang des 14. Jahrhunderts und ließen ihren Familiennamen in Forchtensteiner ändern. Die Türken versuchten erst gar nicht, die als uneinnehmbar geltende Festung zu belagern. 1622 wurde sie an Nikolaus von Esterházy für 400.000 Forint verpfändet, er ließ die Burg bis auf den Burgfried völlig umbauen. Die Bauarbeiten beendete Paul von Esterházy um 1660. Die Burg Forchtenstein ist seitdem im Besitz der Familie Esterházy. In der Burgkapelle befindet sich eine Kopie des Urgnadenbildes mit der Aufschrift: „Regina haereditaria Hungariae ora pro" (Hereditäre Königin Ungarns bitte für uns). In den Wandnischen um das Burgtor herum stehen Skulpturen, sie stellen die Jungfrau Maria, den Heiligen Stephan, den Heiligen Emmerich, den Heiligen Ladislaus und den Heiligen Wenzel dar.

▽ 91

△ 92

△ 93

▽ 94

△ 95

△ 96

▽ 97

△ 98

95–96. Fraknóváralja község 1347-ben már búcsújáróhely volt. A mai templom 1655-ben épült, gótikus Madonna-szobra a XV. században készült. Kolozsvári Olasz István várkapitány címeres sírköve 1658-ból származik.

97. A kegytemplomhoz csatlakozó épületet Esterházy Pál herceg építtette a szervita rend szerzetesei részére a XVII. és XVIII. század fordulóján.

98–99. Felsőpéterfa feltehetően az Osli nemzetség birtoka volt, erődtemploma a XII. században épült. A négyszög alaprajzú egyszerű templomépületet védő falnak ma már csak kis romja áll. Az ősi település mai lakói bájos szalmaszoborral várták 2003 húsvétját.

95–96. Forchtenau war bereits 1347 ein Wallfahrtsort. Die gegenwärtige Kirche wurde 1655 gebaut, die gotische Madonnen-Skulptur stammt aus dem 15. Jahrhundert, das Grabmal des Burgkapitäns István Olasz Kolozsvári ist 1658 datiert.

97. Neben der Wallfahrtskirche ließ Herzog Paul von Esterházy zwischen 1692 und 1704 ein Kloster für den Servitenorden errichten.

98–99. Oberpetersdorf gehörte wahrscheinlich der Sippe Osli. Die Festungskirche wurde im 12. Jahrhundert gebaut. Von der Schutzmauer, die das einfache, quadratische Kirchengebäude umgab, haben sich nur wenige Ruinenreste erhalten. Das Osterfest 2003 begrüßten die heutigen Oberpetersdorfer Einwohner mit einer lustigen Strohpuppe.

▽ 99

100–102. Kabold vízivárát 1222 és 1229 között építtette a Posa család gótikus stílusban, mai reneszánsz és barokk formáját a XVI–XVII. században nyerte. Tulajdonosai sűrűn váltották egymást. A széles vizesárokkal övezett erődítmény falán tábla jelzi az 1895. június 6-i vízállást. 1670. április 16-án a vár szállóvendégei voltak a Habsburgok ellen szervezkedő, s ezért később kivégzett magyar főurak: Zrínyi Péter és Frangepán Ferenc. Kéry Ferenc itt beszélte rá őket, hogy utazzanak Bécsbe, ahol aztán elfogták őket. A császár hálából grófi rangra emelte a Kéry családot. A kaboldi uradalmat Esterházy Pál herceg 1704-ben vásárolta meg. A vízivár jelenlegi tulajdonosa egy bécsi építész.

100–102. Die ursprünglich gotische Wasserburg in Kobersdorf ließ Familie Posa zwischen 1222 und 1229 errichten. Im 16. und 17. Jahrhundert wurde sie im Stil der Renaissance und des Barocks umgebaut. An der Festungsmauer erinnert eine Tafel an den Wasserstand vom 6. Juni 1895 mit dem schlimmsten Hochwasser, das Kobersdorf je erlebte. Am 16. April 1670 war Kobersdorf Schauplatz eines traurigen Ereignisses: Peter Zrinyi und Ferenc Frangepán waren beim Burgherrn Ferenc Kéry zu Gast, der sie wegen eines geplanten Putsches gegen das Haus Habsburg verriet. Die beiden ungarischen Adeligen wurden festgenommen und hingerichtet. Burgherr Kéry wurde belohnt: Als Dank verlieh der Kaiser der Familie Kéry den Grafentitel. 1704 kaufte Herzog Paul von Esterházy das Landgut Kobersdorf. Heute gehört die Burg einem Wiener Architekten.

103. Lánzsér hatalmas várát 1173-ban építtette az Erchinger család. IV. Béla 1263-ban Lőrinc főispánnak, az Athinai család ősének adományozta, később Garai Miklós nádor, a Fraknói grófok, VI. Albert osztrák herceg, III. Frigyes császár, Grafaneck Ulrich, az Oláh és Dersffy családok birtokolták. 1612-ben Esterházy Miklós feleségül vette Dersffy Ferenc leányát, Orsolyát, aki hozományul kapta a várat. A Rákóczi-szabadságharc alatt, 1707-ben osztrák katonák szállták meg, ekkor robbant fel a lőportorony, s megkezdődött hanyatlása.

103. Die grosse Festung in Landsee von 1173 gehörte zum einstigen Landgut Lutzmannsburg und diente dem Schutz der ungarischen Grenze. 1263 bekam Obergespan Lorenz, ein Urahne der Familie Athinai, die Festung vom Ungarnkönig Béla IV. geschenkt. In den folgenden Jahrhunderten wechselte die Burg oft ihren Besitzer, es folgten der Reihe nach Palatin Miklós Garai, Graf Forchtenstein, Kaiser Albert VI., Kaiser Friedrich III., Ulrich von Grafaneck und die Adelsfamilien Oláh und Dersffy. 1512 heiratete Nikolaus von Esterházy Ursula von Dersffy. Ihr Vater, Ferenc von Dersffy, schenkte dem jungen Paar die Burg. Während des vom Ferenc Rákóczi geführten Freiheitskampfes 1707, belagerten österreichische Soldaten die Festung, und da explodierte der Pulverturm.

104. A lánzséri vár a szabálytalan alaprajzú, belső lakótornyos, hegytetőre épült erődítmények közé tartozik. Legrégebbi része, a román stílus jegyeit őrző lakótorony a XII–XIII. században készült, melyet késő gótikus falakkal körülvett udvar övez. A vár védelmi gyűrűjét képező külső falakat, s a négy hatalmas, védőtornyokkal és sarokbástyákkal megerősített bástyafalat a XVII. században emelték. Ekkor Nyugat-Magyarország legerősebb vára, a török háborúk idején már bevehetetlen volt, biztos menedéket nyújtva a környék lakóinak. A képen a felső várba vezető negyedik, egykor felvonóhíddal is védett kapu látható.

104. Die Burg in Landsee ist eine Festung mit unregelmässigem Grundriss auf einem Berggipfel. Ihr ältester Bauteil ist der romanische Wohnturm aus dem 12. bzw. 13. Jahrhundert. Den Innenhof umspannt eine spätgotische Mauer. Die dem Schutz der Burg dienende Aussenmauer, durch vier riesige Schutztürme und Eckschanzen verstärkt, wurde im 17. Jahrhundert gebaut. Als zu jener Zeit stärkste Festung West-Ungarns war sie während der Türkenkriege bereits uneinnehmbar. Das Foto zeigt das vierte, in die obere Burg führende Burgtor mit Zugbrücke.

▽ 104

△ 105　　　　　　　　　　▽ 106

105. Parasztház Lánzsérújfaluban 1886-ból.

106. A kamalduli szerzetesrend Szent Romuald reformjából született egyfajta remete-mozgalom. Jellemzője a „monachus", mely magányos életet jelent. A monasztikus szerzetes a kamalduli rendben – hasonlóan a kartauziakhoz – magányosan él remeteházában, amelyhez elkülönített kis udvar tartozik. A remeteházak csoportja alkotja a rendházat, melynek kápolnája közös. Magyarországra bár maga a rendalapító Szent Romuald is elindult, a rend megtelepedésére csak jó hat évszázad múlva került sor. Az első monostort Jaklin Balázs nyitrai püspök kezdeményezésére 1695-ben alapították Zoborhegyen, a másodikat Lánzséron, a harmadik Mattyasovszky László nyitrai püspök 1710. évi alapítása Lehnicen (ma Vörös Kolostor a Dunajec folyó partján), míg a legismertebb magyar kamalduli monostor a Majki, Esterházy József alapítása 1734-ből. Lánzsér község felett, a várheggyel szomszédos, de annál magasabb hegyen, a Klosterberg csúcsán állt az a kamalduli monostor, melyet Esterházy Pál felesége, Thököly Éva alapított 1701-ben. A romok területét már elfoglalta az erdő, a düledező falakat az időjárás mellett a növények gyökérzete folyamatosan rombolja. A kép az egykori kamalduli templom magára hagyott romjait mutatja.

105. Bauernhaus in Neudorf bei Landsee aus dem Jahre 1886.

106. Der Eremitenorden der Kamaldulenser wurde aufgrund der Reform des Heiligen Romuald hervorgerufen. Charakteristisch für ihn ist der „Monachus", d. h. das Einsiedlerleben. Der monastische Kamaldulenser – ähnlich den Kartäusermönchen – lebt allein in seiner Eremitenklause mit einem kleinen Hof davor. Die Eremitenbehausungen zusammen bilden das Ordenshaus, nur die Kapelle wird gemeinsam genutzt. Obwohl sich der Heilige Romuald selbst auf die Reise nach Ungarn begab, verbreiteten sich die Kamaldulenser erst ca. 600 Jahre später im Lande. Das erste Kloster gründete Balázs Jaklin, Bischof zu Neutra (ung.: Nyitra, heute: Nitra), 1695 auf dem Berg Zobor. Ihr zweites Ungarn-Kloster bauten die Kamaldulenser in Landsee, das dritte aus dem Jahre 1710 ist eine Stiftung von László Mattyasovszky, dem Bischof zu Neutra, heute bekannt als das Rote Kloster der Kamaldulenser am Ufer des Dunajec. Die Errichtung des namhaftesten ungarischen Kamaldulenser-Klosters veranlasste Josef von Esterházy 1734, es befindet sich in Majk. Über Landsee erhebt sich in der Nachbarschaft des kleineren Burgberges der große Klosterberg. Auf seinem Gipfel stand einst das Kamaldulenser-Kloster, das Éva Thököly, Gattin von Paul von Esterházy, 1701 gestiftet hatte. Über seinen Ruinen wächst heute Wald, so dass die einstürzenden Wände nicht nur der Witterung ausgesetzt sind, sondern auch ständig von Pflanzenwurzeln zerstört werden. Auf dem Foto sind die verlassenen Ruinenreste der einstiger Kamaldulenser-Kirche zu sehen.

△ 107 ▽ 108

107. Öreg parasztház Veperd községben.
108. A képen lánzséri kamalduli monostor egyik remeteházának romos fala látszik. Egykori lakójának napi hét órát kellett dolgoznia. A kamalduli szerzetesnek feladata volt a kódexek másolása és írása, kiválóan értettek a mezőgazdasági, gyógynövény-termesztési, szőlészeti és erdészeti tevékenységhez, számos mezőgazdasági újítás bevezetése kötődik hozzájuk. Külföldön az ősi monostorok mellett több helyen kórházakat is működtettek, az itáliai Camaldoli kórháza 1048-ban már működött. A kórházak és gyógyszertárak gazdálkodásának feltételeiről a kamalduli szerzetesek, a monachusok gondoskodtak. II. József 1782. február 21-én aláírt rendeletével betiltotta a szerzetesrendek, köztük a kamalduli rend magyarországi működését. A szerzetesek elhagyni kényszerültek lánzséri monostorukat, azóta a gazdátlan épületegyüttes egyre jobban pusztul.

107. Altes Bauernhaus in Weppersdorf.
108. Das Foto zeigt die Ruine einer Eremitenbehausung des Kamaldulenser-Klosters in Landsee. Ihre einstigen Bewohner hatten täglich sieben Stunden zu arbeiten. Zu den Aufgaben eines Kamaldulenser-Mönches gehörte u.a. das Kopieren der Kodizes. Die Mönche kannten sich hervorragend in der Landwirtschaft und in der Heilpflanzenproduktion, im Weinbau wie in der Forstwirtschaft aus und führten in der Agrarwirtschaft zahlreiche Neuerungen ein. Im Ausland betrieben sie an vielen Orten neben den alten Klöstern auch Krankenhäuser; das Krankenhaus im italienischen Camaldol z.B. bestand bereits 1048. Für die wirtschaftliche Basis der Krankenhäuser und der Apotheken sorgten die Kamaldulenser-Mönche selbst. Aufgrund einer Verordnung Kaisers Josef II. vom 21. Februar 1782 wurde die Tätigkeit der Mönchsorden, darunter auch die des Kamaldulenser-Ordens, in Ungarn verboten. So waren die Eremiten gezwungen, ihr Kloster in Landsee zu verlassen; seither ist der herrenlose Gebäudekomplex dem Verfall immer mehr preisgegeben.

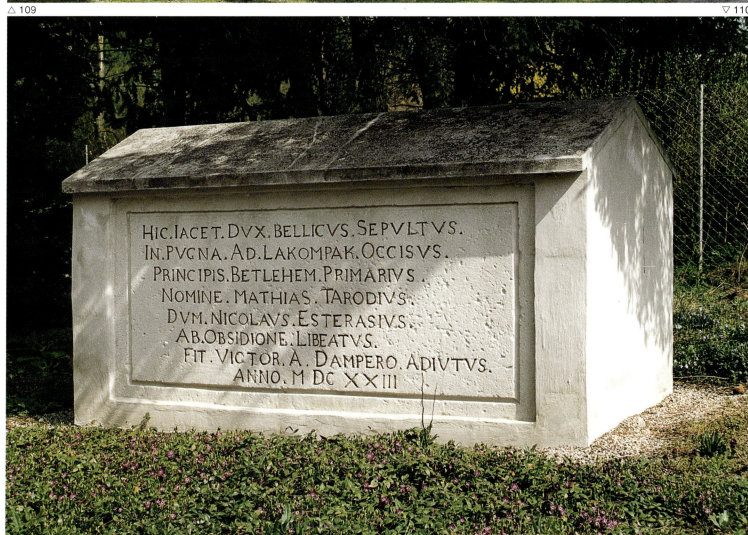

109. Lakompak 1620 szeptemberében a Bethlen-féle hadjárat fontos ütközetének színhelye volt. A csata az osztrákok győzelmével végződött, az elesett ezer magyar vitéz névtelen sírban nyugszik a kastély mögötti területen. Esterházy Miklós, a császári csapatoknak nyújtott segítségéért hálából zálogba megkapta 1622-ben Fraknót és Kismartont, majd hat év múlva tulajdonjogot is szerzett mindkét birtokra.

110. A lakompaki csatában elesett magyar vezér, Tarródy Mátyás síremlékét ellenfele, Esterházy Miklós állíttatta 1623-ban.

111. Lakompak XVI. századi kastélya Esterházy Miklós felesége, Dersffy Orsolya révén lett az Esterházyak birtokközpontja.

109. Lackenbach war im September 1620 Schauplatz einer wichtigen Schlacht des Bethlen-Feldzuges. Die Schlacht endete mit dem Sieg der Österreicher, die tausend gefallenen ungarischen Helden ruhen in einem namenlosen Grab hinter dem Schloss. Als Dank für seine den kaiserlichen Truppen geleistete Unterstützung schenkte Kaiser Ferdinand II. Nikolaus Esterházy im Jahre 1622 Eisenstadt und das Landgut Forchtenstein, sowie den Grafentitel.

110. Das Grabmal des in der Schlacht gefallenen ungarischen Feldherrn, Mátyás Tarródy, ließ 1623 sein Gegner, Nikolaus von Esterházy, aufstellen.

111. Das in Lackenbach errichtete Schloss aus dem 16. Jahrhundert brachte Ursula von Dersffy in ihre Ehe mit Nikolaus von Esterházy ein. Es wurde bald zum Zentrum des Esterházy-Gutes.

▽ 111

△ 112

▽ 113

112–113. Doborjánban született Liszt Ferenc (1811–1886) zeneszerző. Szülőháza egy XVIII. századi uradalmi épület kerti szárnya volt az Esterházy birtokon. Liszt Ferenc édesapja, Liszt Ádám az Esterházyak gazdatisztje volt, fiát ő indította el a zenei pályán.

114. Lók község első okleveles említése 1222-ből származik. Már a középkorban ismert búcsújáróhely volt. Liszt Ferencet Lók kegytemplomában keresztelték.

115. A Niczky-család kora klasszicista kastélya 1770-ben épült Ligvánd községben.

112–113. Der berühmte Komponist Franz Liszt (1811–1886) ist in Raiding geboren. Sein Geburtshaus befand sich im Gebäude der Esterházyschen Güterdirektion aus dem 18. Jahrhundert. Franz Liszts Vater, Ádám Liszt, war Wirtschaftsverwalter bei der Familie Esterházy, er regte den Sohn zur künstlerischen Laufbahn an.

114. In einer Urkunde wird Unterfrauenhaid erstmals 1222 erwähnt. Die Gemeinde war bereits im Mittelalter ein bekannter Pilgerort. Franz Liszt wurde in der Gnadenkirche in Unterfrauenhaid getauft, da es in Raiding zur Zeit seiner Geburt noch keine Kirche gab.

115. Das frühklassizistische Schloss der Adelsfamilie Niczky wurde 1770 in Nebersdorf gebaut.

△ 114

▽ 115

△ 116

▽ 117

116. Sopronkeresztúr birtokosai a XV. században már a Kanizsaiak voltak, ők építtettek egy kisebb lovagvárat a mai kastély helyén. 1558-ban Nádasdy Tamás feleségül vette Kanizsai Orsolyát, s hozományként kapta a birtokot. Nádasdy egy itáliai mesterrel reneszánsz stílusban átépíttette a lovagvárat, tornyos, árkádos lakókastéllyá alakította. 1621-ben, a Bethlen-féle hadjárat idején megrongálódott, majd Nádasdy Pál és Ferenc kijavíttatta az épületet. Nádasdy Ferencet a Habsburgok elleni összeesküvés miatt 1671-ben lefejezték, birtokait elkobozták, a kastély ekkor került az Esterházy családhoz. Jelenleg magántulajdonban van.

117. A sopronkeresztúri kastélyhoz fűződő romantikus legenda szerint az egyik Nádasdy-lányt szülei kolostorba akarták küldeni, de később döntésüket megváltoztatva erőszakkal kívánták férjhez adni. A házasságra kényszerített lány már menyasszonyi ruhában állt a kastély bejárata feletti ablakban, amikor egy villám agyonsújtotta.

116. Bereits im 15. Jahrhundert gehörte Deutschkreuz der Adelsfamilie Kanizsai. Sie ließen eine kleinere Ritterburg an jener Stelle errichten, wo das heutige Schloss steht. 1558 heiratete Thomas von Nádasdy Ursula von Kanizsai, die als Mitgift das Gut in die Ehe einbrachte. Nádasdy beauftragte einen italienischen Meister, die Ritterburg in ein Wohnschloss mit Türmen und Erkern im Stil der Renaissance umzubauen. 1621, während des Bethlen-Feldzuges wurde es beschädigt, die spätere Renovierung ließen Paul und Franz von Nádasdy vornehmen. Franz von Nádasdy wurde wegen einer Verschwörung gegen das Haus Habsburg 1671 enthauptet, und sein Vermögen wurde konfisziert. Da kam das Schloss in den Besitz der Familie Esterházy. Zur Zeit befindet es sich im Privatbesitz.

117. Zu dem Deutschkreuzer Schloss und zu der Familie Nádasdy ist eine romantische Legende überliefert. Diese besagt, dass die Nádasdy-Eltern eine ihrer Töchter in ein Kloster schicken wollten. Später änderten sie ihren Beschluss und wollten die Tochter zur Heirat zwingen. Sie stand bereits im Brautkleid am Fenster über den Schlosseingang, als ein Blitz sie erschlug.

△ 118

▽ 119

118. Füles régi település, első okleveles említése 1160-ból származik. A jelenlegi kastély helyén már 1300-ban állt egy védőfallal körülvett, felvonóhidas épület. A község birtokosai voltak a Németújvári, a Kanizsai, a Klankó, a Réczey, a Draskovich, a Nádasdy, az Esterházy és a Zichy családok, végül 1903-tól a Zichy-Meskó család. A kastély mai formáját az 1840-es bővítésekor nyerte.

119. Füles községben született vitéz Somogyváry Gyula (1895–1953), a Gyula deák néven ismert író és költő, erre a Zichy-Meskó-kastély bejáratánál háromnyelvű emléktábla emlékeztet. Somogyváry Gyula sok közismert hazafias verset és regényt írt, volt országgyűlési képviselő és egy ideig a Magyar Rádiót igazgatta. Az olasz fronton szerzett élményeit megörökítő világháborús regényeivel vált ismertté. Hazafias tevékenységéért a Gestapo és az ÁVH is bebörtönözte, a kistarcsai internálótáborban halt meg 1953. február 12-én.

118. Nikitsch ist eine alte Siedlung in Burgenland, 1160 erstmals urkundlich erwähnt. Auf dem Platz des heutigen Schlosses stand bereits 1300 ein Bauwerk mit Schutzmauern und Zugbrücke. Das Dorf hatte im Laufe der Jahrhunderte viele Besitzer, so gehörte es u.a. den Adelsfamilien Németújvári, Kanizsai, Klankó, Réczey, Draskovich, Nádasdy, Esterházy und Zichy. 1903 gelangte es schließlich in den Besitz der Adelsfamilie Zichy-Meskó. Das Schloss wurde 1840 erweitert, wobei es seine heutige Form erhielt.

119. Hier in Nikitsch ist der ungarische Dichter und Schriftsteller Gyula Somogyváry (1895–1953) geboren, daran erinnert eine dreisprachige Gedenktafel am Eingang des Schlosses. Gyula Somogyváry schrieb viele bekannte patriotische Gedichte und Romane, er war auch Parlamentsabgeordneter und für kurze Zeit Leiter des Ungarischen Rundfunks. Die Gestapo und die ungarische Stasi (ÁVH) ließen ihn wegen seiner patriotischen Tätigkeit ins Gefängnis sperren. Er starb am 12. Februar 1953 im Internierungslager in Kistarcsa.

△ 120

△ 121

▽ 122

120. Az oklevelekből 1229-től ismert Csáva község az Osli nemzetség birtoka volt, majd ők adományozták a települést az Osli Mihály által 1180 táján alapított csornai premontrei prépostságnak. A XVII. századtól Esterházy birtok. Csáva fazekas község, lakosai ősidőktől fogva fazekasmesterek. Amikor az Esterházyak agyagárugyár építésébe kezdtek a községben, megtiltották a fazekasoknak, hogy műhelyüket átadják utódaiknak. A rendeletet titokban megszegték, így a fazekasmesterség máig fennmaradt.

121. A csávai kerámiák jellege, mintázata és színei a hagyományokat őrzik.

122. A csávai fazekasműhelyek a házakhoz csatolt gazdasági épületrészben helyezkedtek el.

123. Felsőpulya járási székhely, középkori határőr lakossága nemesi rangot kapott a magyar királytól. Az 1532-ben, Kőszeg ostroma idején bekövetkezett török pusztításkor megmenekült, de a környező települések mind kihaltak. Ezekbe horvát telepesek költöztek, így lett Felsőpulya „magyar sziget" már a XVI. században. A város magyar lakói ma is őrzik hagyományaikat. 1996-ban hunyt el Maurer Rezső népi faragóművész, akinek egyik munkája látható a képen.

124. Parasztház Alsópulya községben.

120. Die seit 1229 in verschiedenen Urkunden aufgeführte Gemeinde Stoob gehörte der Sippe Osli. Als Michael Osli um 1180 ein Kloster für die Prämonstratenser Chorherren in Csorna stiftete, schenkten die Oslis die Siedlung der Propstei. Stoob kam im 17. Jahrhundert in den Besitz der Familie Esterházy. Seine Einwohner waren schon seit jeher dem Töpferhandwerk verbunden. Als die Familie Esterházy im Dorf mit dem Bau einer Tonwarenfabrik begann, verbot sie den Töpfern, ihr Handwerk und die Töpferei den Söhnen zu vererben. Indessen wird das Töpferhandwerk auch heute noch fleißig betrieben, dank der Tatsache, dass die Töpfer die besagte Verordnung insgeheim verletzten.

121. Traditionsreich in Muster, in Farbe und auch in den typischen Varianten: die Stoober Tongefässe.

122. In Stoob waren den Wohnhäusern Wirtschaftsbauten angeschlossen. Darin wurden Töpfereien eingerichtet.

123. Oberpullendorf ist Bezirkssitz. Seine Einwohner waren im Mittelalter Grenzwärter, dafür erhob sie der ungarische König in den Adelsstand. Während der türkischen Belagerung von Güns (ung.: Kőszeg) im Jahre 1532 wurden alle umliegenden Siedlungen zerstört, nur Oberpullendorf blieb unversehrt. In die entvölkerten Siedlungen zogen kroatische Einwanderer, auf diese Weise wurde Oberpullendorf bereits im 16. zu einer „ungarischen Insel". Die ungarischen Einwohner der Stadt pflegen auch heute ihre Traditionen. Holzschnitzer Rezső Faragó, ausgezeichnet mit dem Titel „Meister der Volkskunst", starb 1996. Auf dem Foto ist ein Meisterwerk von ihm zu sehen.

124. Bauernhaus in Unterpullendorf.

△ 123

▽ 124

△ 125

△ 126

▽ 127

125–126. Dérföld határában, egy forrás mellett 1677-től áll az a Mária-szobor, melyet Hedly Mátyás és felesége, Szunyogh Borbála készíttetett. A „Mária-kútja" néven hamar ismertté vált búcsújáró helyen 1720-ban Esterházy Gábor kápolnát építtetett, s a kegyszobrot a bejárat fölé helyezte. Közelében áll az ún. Gyónókápolna.

127–129. A Miskolc nemzetségből származó Domonkos bán nyolc falvát a heiligenkreuzi ciszterciekneknek adta 1190 körül azzal, hogy azon monostort emeljenek Szűz Mária tiszteletére. Borsmonostoron 1198-ban épült fel a szerzetesek otthona és a templom, mely Nagy Lajos király uralkodása idején már híres búcsújáró hely volt. Kőszeg ostromakor elpusztult, birtokait 1680-ban Esterházy Pál herceg megvásárolta. A középkori épületek helyére barokk templom és monostor került, melyet Esterházy a lilienfeldi apátnak adományozta. Azóta folyamatosan lilienfeldi ciszterci szerzetes Borsmonostor lelkipásztora.

125–126. An einer Quelle bei Dörfl steht seit 1677 die Marienstatue, gestiftet von Matthias Hedly und dessen Gattin Barbara Szunyogh. Unter dem Namen „Der Brunnen Mariä" wurde es bald zu einer berühmten Wallfahrtsstätte. 1720 ließ Gabriel von Esterházy an dieser Stelle eine Kapelle bauen und die Gnadenfigur über dem Eingang anbringen. In der Nähe steht die sog. Beichtkapelle.

127–129. Banus Domonkos schenkte um 1190 den Zisterzienser Brüdern zu Heiligenkreuz acht Dörfer mit der Bitte, auf dem Gut Klöster zur Marienverehrung zu errichten. In Klostermarienberg wurden das Ordenshaus und die Kirche 1198 fertiggestellt. Bereits zur Zeit des Ungarnkönigs Ludwig des Großen (ung.: Nagy Lajos) war Klostermarienberg ein beliebter Pilgerort. Während der türkischen Belagerung von Güns wurde das Kloster zerstört. 1680 kaufte Herzog Paul von Esterházy die Landgüter. Am Ort des mittelalterlichen Klosters entstanden eine neue Kirche und ein Ordenshaus im barocken Stil, das Herzog Esterházy dem Abt zu Lilienfeld schenkte. In Klostermarienberg versehen seither Zisterzienser aus Lilienfeld den Gottesdienst.

△ 130

△ 131

▽ 132

130. Rőtfalva a Kőszegi-hegység északi lábánál fekvő község, melynek első temploma a XIII. században épült. A XIV–XV. században bővített templomot a törökök 1532-ben lerombolták, s csak 1696-ban állíttatta helyre Esterházy Pál herceg, ekkor nyerte el mai formáját. A kegytemplomhoz vezető út szélén álló oszlop 1689-től jelzi, hogy az út megszentelt hely felé tart.

131. A képen látható kegyszobrot Esterházy Pál ajándékozta Rőtfalvának 1676-ban.

132. A rőtfalvai kegykép aranyozott keretben áll a főoltáron, a lékai kegykép 1660-ban készült másolata. Az oltár mögött, a szentély falán két sorban elhelyezett festmények Ágoston-rendi szenteket, Jézust és az apostolokat ábrázolják. A kegytemplom szolgálatát 1660 és 1820 között Ágoston-rendi szerzetesek látták el, a festmények ebből az időből származnak.

133. Rőtfalva kegytemploma magán viseli több építészeti korszak és stílus nyomait.

130. Rattersdorf liegt am Nordhang des Günser Gebirges, wahrscheinlich war bereits die erste Kirche (13. Jhd.) eine Wallfahrtsstätte. Im 14. und im 15. Jahrhundert erfuhr diese Kirche mehrere Erweiterungen, 1532 wurde sie von den Türken zerstört. Herzog Esterházy veranlasste erst 1696 den Wiederaufbau. Seither bewahrte die Kirche ihre Gestalt bis heute. Am Rande der zur Gnadenkirche führenden Straße weist eine Säule seit 1689 darauf hin, dass der Weg zu einem geheiligten Ort führt.

131. Die Gnadenfigur auf dem Foto ist ein Geschenk von Herzog Esterházy für Rattersdorf aus dem Jahre 1676.

132. Das Rattersdorfer Gnadenbild steht golden gerahmt auf dem Hauptaltar, es handelt sich hierbei um eine Kopie des Gnadenbildes von Lockenhaus aus dem Jahre 1660. Hinter dem Altar hängen in zwei Reihen Gemälde an der Wand des Sanktuariums, auf denen die Heiligen des Augustinerordens, Jesus und die Apostel dargestellt sind. Zwischen 1660 und 1820 versahen Augustiner in der Gnadenkirche den Gottesdienst; aus dieser Zeit stammen die Bilder.

133. Die Gnadenkirche in Rattersdorf weist Stilmerkmale mehrerer Bauepochen auf.

▽ 133

134. Léka első okleveles említése 1254-ből maradt fenn, mely arról tudósít, hogy vára ellenállt a tatár támadásnak. A királyi várat a XIII. század elején építették a Gyöngyös-patak által körülvett sziklára. A középkorban az Ausztria és Magyarország közötti határháborúkban volt fontos szerepe. Egy ideig a Németújvári család birtokolta, de megbízhatatlanságuk miatt Károly Róbert visszavette tőlük. Zsigmond király 1390-ben a Kanizsaiaknak adta, tőlük hozományként került Nádasdy Tamáshoz 1535-ben, aki sokat tett a vár javítása és bővítése érdekében. Az Esterházyak Léka várát 1676-ban szerezték meg. Jelenleg magántulajdon. A kép a felső várat mutatja.

135–136. Az alsó vár, melyet Nádasdy Ferenc építtetett 1636-ban, s amelyből lépcső vezet a felső várba.

134. Die erste überlieferte Urkunde über Lockenhaus aus dem Jahre 1254 berichtet davon, dass die Burg dem Mongolensturm erfolgreich Widerstand leistete. Die königliche Burg wurde Anfang des 13. Jahrhunderts auf einem von einem Bach umflossenen Felsen gebaut. Im Mittelalter, zu Zeiten der Grenzkriege zwischen Österreich und Ungarn, spielte die Burg eine wichtige Rolle. Für kurze Zeit gehörte sie der Adelsfamilie Németújvári, doch wegen deren Unzuverlässigkeit verlangte Ungarnkönig Karl Robert aus dem Hause Anjou die Burg von der Familie alsbald zurück. Der ungarische König Sigismund (ung.: Zsigmond) von Luxemburg schenkte die Burg 1390 der Adelsfamilie Kanizsai. Im Jahre 1535 bekam sie Tamás von Nádasdy als Mitgift in die Ehe. Er bemühte sich stets um die Renovierung und Erweiterung der Burg. 1676 hatte die Familie Esterházy auch die Burg Lockenhaus erworben. Zur Zeit ist sie im Privatbesitz. Auf dem Foto ist die obere Burg zu sehen.

135–136. Von der unteren Burg, die Ferenc von Nádasdy 1636 bauen ließ, führt eine Wandeltreppe in die obere Burg.

△ 134   ▽ 135   ▷ 136

△ 137 △ 138 ▽ 139

137–140. Léka középkori templomát és a mellette álló ferences kolostort 1532-ben lerombolták a törökök. A mai Szent Miklós-templomot az a Nádasdy Ferenc építtette 1656 és 1663 között, akinek nagyapja Nádasdy Tamás, a magyar protestantizmus támogatója, apja a "fekete bég" néven emlegetett Nádasdy Ferenc, anyja a "hírhedt" Báthory Erzsébet volt. A barokk kegytemplom főoltárán van a Lékai Madonna kegyképe, s mint oly sok várvidéki templomban, itt is megtalálható Szent István és Szent László szobra. Az egyik mellékoltár képén Szűz Máriát a Szent Koronával, mint Magyarország Nagyasszonyát, a kép alján Buda 1686-os ostromát láthatjuk. A kegytemplom kriptája a Nádasdy-család temetkezési helye, a lefejezett Nádasdy Ferenc és felesége, Esterházy Julianna vörös márvány szarkofágját fehér angyalszobrok díszítik. A templom mellett áll az 1655 és 1668 között épült Ágoston-rendi kolostor (1820-ban elhagyták a szerzetesek), mely 1868-tól az Esterházyak uradalmi központja volt.

137–140. In Lockenhaus zerstörten die Türken 1532 die mittelalterliche Kirche und das Franziskanerkloster. Die heutige Nikolaikirche ließ Ferenc von Nádasdy in den Jahren zwischen 1656 und 1663 erbauen. Sein Großvater war ein Anhänger des Protestantismus in Ungarn, seinen Vater nannte man den "schwarzen Bey", seine Mutter war die "berüchtigte" Elisabeth von Báthory. Auf dem Hauptaltar der barocken Gnadenkirche steht das Lockenhauser Madonnenbild. Wie in so vielen Kirchen in Burgenland sind auch hier Skulpturen des Heiligen Stephans und des Heiligen Ladislaus zu finden. Auf einem der Nebenaltäre ist das Marienbild mit der Heiligen Krone, Patrona Hungariae, zu erkennen. Der untere Teil zeigt die Befreiung von Ofen (ung.: Buda) im Jahre 1686. Die Krypta der Gnadenkirche ist die Begräbnisstätte der Familie Nádasdy. Der Sarkophag des geköpften Ferenc von Nádasdy und seiner Gattin Julianna von Esterházy besteht aus rotem Marmor und wird von weißen Engelsfiguren geschmückt. Neben der Kirche steht das zwischen 1655 und 1668 gebaute Augustiner-Kloster, das die Mönche 1820 verlassen hatten. Ab 1868 diente es der Familie Esterházy als Sitz der Güterdirektion.

▽ 140

141–142. Borostyánkő vára a XIII. század elején, a gyepűrendszer felszámolásakor épült a nyugati várvédelmi vonal tagjaként. A királyi várat a Kanizsaiak zálogba kapták Zsigmond királytól 1388-ban, később a tulajdonjogot is megszerezték. 1491-ben osztrák kézbe került, majd 1647-ben ismét magyar tulajdonosa lett: a Batthyány család. 1865-ben a várat és a hozzá tartozó birtokot az angol Edward Egan vásárolta meg, aki miniszteri biztosként segítette a kisparaszti gazdaságokat Kárpátalján. Örökösétől 1892-ben az Almásy család megvette, ma is ők a tulajdonosai. A várban jelentős károkat okozott a törökök 1532. évi ostroma, majd 1536-ban és 1617-ben a lőportorony felrobbanása. A romos részeket 1627-re kastélyszerűen felújították. Az 1683. évi török háborúban a környék lakosságának biztos védelmet nyújtott, nem károsodott. Mai végső formáját a XVIII. században nyerte el, a Batthyány család elképzelései szerint.

141–142. Die Grenzburg in Bernstein ist ein Bauwerk aus dem 13. Jahrhundert. Sie war Teil der westlichen Burgenverteidigungslinie. 1388 überließ Ungarnkönig Sigismund von Luxemburg der Familie Kanizsai die königliche Burg als Pfand, später erwarb diese Familie auch das Eigentumsrecht. Von 1491 an waren hier Österreicher die Burgherren, 1647 kam sie dann in den Besitz der Adelsfamilie Batthyány. 1865 kaufte Edward Egan aus England die Burg und das zu ihr gehörende Gut. Als Ministerialkommissar förderte er die Kleinbauernwirtschaft in den Vorkarpaten. Von seinem Erben wurde die Burg 1892 durch die Familie Almásy erworben, in deren Besitz sie heute noch ist. Große Schäden erlitt die Burg bei der türkischen Belagerung 1532. In den Jahren 1536 und 1617 führte die Explosion des Pulverturms zu weiteren schweren Beschädigungen. Die stark lädierten Teile des Bauwerks wurden in Stand gesetzt und bis zum Jahr 1627 schlossartig umgebaut. Dieses blieb während des Türkenkrieges im Jahre 1683 unversehrt und bot den Einwohnern der umliegenden Siedlungen einen sicheren Schutz. Im 18. Jahrhundert wurde die Burg den Vorstellungen der Familie Batthyány entsprechend erneuert.

△ 141   ▽ 142

143–144. Borostyánkő várában született Almásy László (1895–1951), a híres autóversenyző, repülő és Afrika kutató, aki több expedíciót vezetett a Núbiai- és a Líbiai-sivatagba, s földrajzi felfedezéseivel tette ismertté nevét. Kairóban repülőiskolát hozott létre 1932-ben. A törökök által elhurcolt magyar foglyok leszármazottjairól, a Nílus mentén élő Magyar nevű törzsről ő hozta az első hírt. A második világháborúban, az észak-afrikai hadjárat során Rommel német tábornok tanácsadója volt, ez adta a kerettörténetet az „Angol beteg" című, nagysikerű filmhez. Emlékét márványtábla őrzi Borostyánkő várában.

143–144. In der Burg zu Bernstein ist Ladislaus Almásy (1895–1951), berühmter Rennfahrer, Pilot und Afrikaforscher, geboren. Er leitete mehrere Expeditionen in die Wüste Lybiens und Nubiens. Sein Name wurde durch seine Entdeckungen weltweit bekannt. 1932 gründete er in Kairo eine Pilotenschule. Er war der erste, der am Nil auf Nachfahren der durch die Türken verschleppten Ungarn traf und darüber berichtete. Im Zweiten Weltkrieg war er Rommels Berater beim Nordafrika-Feldzug. Diese historische Tatsache wurde später als erzählerischer Rahmen für den berühmt gewordenen Film „Der englische Patient" aufgegriffen. In Bernstein erinnert eine Marmortafel an Ladislaus Almásy.

145., 147. Máriafalva XIV. századi bányásztelepülés, akkor a Kanizsai család birtoka volt. A Kanizsaiak idején nyitották első vasércbányáját. A késő gótikus templomot 1400 körül kezdték építeni, majd többször átalakították. A barokk változatot a XIX. század végén Steindl Imre irányításával alakították vissza gótikusra, helyenként neogót elemekkel kibővítve. A középkorból fennmaradt egy kőből faragott rózsa, a Vághy és a Káldy családok címerei, több ajtó- és ablakkeret, valamint a szentségház. A magyar szenteket megjelenítő színes üvegablakok feliratai arról tanúskodnak, hogy az adományozók „Vas megye közönsége" és a „Magyarhon hálás fiai". A bányásztemplom felújításakor a pécsi Zsolnay-gyár készítette a színes majolika főoltárt, a szószéket és a keresztelőmedencét.

146. A szép fekvésű Kúpfalva katolikus temploma a török veszedelem elmúlása után lett búcsújáró hely.

145., 147. In Mariasdorf, einer Bergarbeitersiedlung, wurde im 14. Jahrhundert die erste Eisenerzgrube eröffnet. Diese gehörte damals der Familie Kanizsai. Die spätgotische Kirche um 1400 erlebte mehrere Umbauarbeiten. Ihre barocke Form wurde Ende des 19. Jahrhunderts unter Bauleitung des namhaften Architekten Imre Steindl in gotische zurückverwandelt, zum Teil durch Bauelemente der Neugotik erweitert. Aus dem Mittelalter sind u.a. eine Steinrose, die Adelswappen der Familien Vághy und Káldy, einige Tür- und Fensterrahmen sowie die Kapelle erhalten geblieben. Die Buntglasfenster stellen ungarische Heilige dar, und die Aufschriften verkünden, dass „die Einwohner des Burgkomitates Vas" und „die dankbaren Söhne des ungarischen Vaterlandes" für die Restaurierungsarbeiten Spenden aufbrachten. Die restaurierte Bergmannskirche bekam einen neuen Hauptaltar aus bunter Majolika, eine neue Kanzel und ein neues Taufbecken, angefertigt in der weltbekannten Zsolnay-Fabrik in Fünfkirchen (ung.: Pécs).

146. Die katholische Kirche in der anmutig gelegenen Siedlung Kogl wurde nach der Vertreibung der Türken zu einer beliebten Pilgerstätte.

▷ 148

▽ 149

▽ 150

148. Felsőlövő Árpád-kori magyar határőr település volt, akkor íjászok lakták. A reformáció idején a vidék lutheránus központja lett. A község evangélikus lelkésze volt Gottlieb August Wimmer (1791–1863), egykori lakóháza jellegzetes magyar kisnemesi kúria. Wimmer 1848-ban a magyar szabadságharc mellé állt, ezért kénytelen volt hazáját elhagyni.

149. Gottlieb August Wimmer szobra az általa alapított egykori tanítóképző intézet előtt. E gimnáziumban tanított Móra Ferenc rövid ideig, mint földrajz és természetrajz szakos tanár.

150. Gyimótfalva határában kőoszlop emlékeztet arra, hogy e helyen Szmrecsányi István tábornokot egy felszálló repülőgép halálosan megsebesítette 1917-ben.

151. Góborfalva evangélikus temploma a XIII. századból.

152. Az ősi épület (kástu) egykor Alsólövő határában állt.

148. Oberschützen war seit der Árpáden-Zeit ein Grenzdorf, damals wohnten hier Schützen. Der evangelische Pastor in Oberschützen, Gottlieb August Wimmer (1791–1863), stellte sich 1848 auf die Seite des ungarischen Freiheitskrieges. Wimmer wurde daraufhin gezwungen, seine Heimat zu verlassen. Sein früheres Wohnhaus ist eine typisch ungarische Kurie des Kleinadels.

149. Das Denkmal von Gottlieb August Wimmer steht vor dem ehemaligen, von ihm gegründeten pädagogischen Institut. Für kurze Zeit unterrichtete hier auch der ungarische Schriftsteller Ferenc Móra als Lehrer der Fächer Geographie und Naturkunde.

150. 1917 wurde General István Szmrecsányi durch ein gerade aufsteigendes Flugzeug bei Jormannsdorf tödlich verletzt. Am Dorfrand erinnert heute eine Steinsäule an das tragische Ereignis.

151. Lutheranische Kirche in Goberling aus dem 13. Jahrhundert.

152. Der uralte Bau „kástu" stand einst am Dorfrand von Unterschützen.

△ 153

▽ 154

153–154. Várossszalónakra Baumkirchner András, a vár birtokosa telepített pálos szerzeteseket a XV. században, monostort és templomot építve számukra. A monostor épülete elpusztult, de a templom ma is áll, mint a Várvidék egyetlen épségben maradt pálos temploma.

155. Szalónak vára a XIII. században már állt. A Németújvári, a Kanizsai, majd a Baumkirchner családok birtokolták. Baumkirchner András hű volt Mátyás királyhoz, ezért III. Frigyes császár tőrbe csalta, majd Grazban lefejeztette. A vár 1527-től az első világháborúig a Batthyány család tulajdonában állt.

153–154. Im 15. Jahrhundert rief Burgherr Andreas Baumkirchner Pauliner-Mönche nach Stadtschlaining und ließ für sie ein Kloster und eine Kirche bauen. Das Kloster wurde zerstört, doch die Kirche steht noch heute. Sie ist die einzige Paulinerkirche in gut erhaltenem Zustand im Burgenland.

155. Die Grenzburg in Stadtschlaining gab es bereits im 13. Jahrhundert. Sie hatte über die Jahrhunderte hinweg mehrere Burgherren, u.a. die Adelsfamilien Németújvári und Kanizsai, später dann die Familie Baumkirchner. Andreas Baumkirchner blieb Ungarnkönig Matthias Corvinus treu, weshalb ihn Kaiser Friedrich III. in die Falle lockte und in Graz hinrichten ließ. Von 1527 bis zum Ausbruch des Ersten Weltkriegs gehörte die Burg der Familie Batthyány.

▽ 155

△ 157

156. Városszalónak főterén díszes kút emlékeztet Ferenc József országjárására.
157. Felsőkethely plébániatemplomának falában II. századi márvány dombormű látható, melyet Caius Samuconius Spectatus és felesége, Amuca állíttattak a maguk és 20 éves korában elhunyt leányuk, Respectilla emlékére.
158. A Faludi-völgy mesterséges tava Rohonc határában. Faludi Ferenc (1704–1779) jezsuita papköltő Rohoncra vonult vissza rendje eltörlése után, s itt hunyt el. Több verset írt e tájról, kedvenc völgyéről.
159. Pinkafő egykori Batthyány-kastélyának alapfalaira épült a mai szakiskola.
160. Pinkafő a Várvidék legrégebbi német települése, a honfoglaláskor bajorok lakták. A város patinás hangulatát az ősi polgárházak adják.

156. Auf dem Marktplatz von Stadtschlaining steht ein prunkvoller Brunnen zur Erinnerung an den Besuch von Kaiser Franz Josef.
157. Hochrelief aus Marmor in einer Wandnische der Pfarrkirche in Neumarkt in Tauchental. Im 2. Jahrhundert ließen Caius Samuconius Spectatus und seine Gattin Amuca aufstellen zu ihrem und zum Gedenken ihrer im Alter von 20 Jahren verstorbenen Tochter Respectilla aufstellen.
158. Der künstliche See im Faludi-Tal bei Rechnitz. Der Jesuitendichter Ferenc Faludi (1704–1779) zog sich nach dem Verbot seines Ordens in Rechnitz zurück und lebte hier bis zu seinem Tode. Er schrieb viele Gedichte über die Landschaft und sein Lieblingstal.
159. Die heutige Fachschule in Pinkafeld baute man auf die Grundmauern des einstigen Batthyány-Schlosses.
160. Pinkafeld ist die älteste deutsche Siedlung in Burgenland, die landnehmenden Ungarn trafen hier Bayern an. Die alten Bürgerhäuser verleihen der Stadt ein historisches Antlitz.

△ 156 ▽ 158

△ 159

▽ 160

△ 161

△ 162

▽ 163

161. A pinkafői irgalmas nővérek kolostora gróf Batthyány Franciska alapítványa 1854-ből.

162. Mátyás király több határ menti települést – köztük Pinkafőt is – zálogba adott III. Frigyes császárnak cserébe a magyar koronáért. Nem sokkal később, 1459. április 11-én Pinkafő mellett Mátyás csatában legyőzte III. Frigyest, az ütközet helyét ma emlékoszlop jelzi.

163. Felsőőr a Felső Őrség magyar kulturális életének központja, járási székhely. A képen a járásbíróság épülete látható, melyben kikiáltották a Lajta-bánságot 1921. október 4-én.

164. Burgenland egyetlen, Ausztria legrégebbi református temploma Felsőőrön áll, 1771 és 1773 között épült.

161. Das Kloster der Barmherzigen Schwestern in Pinkafeld ist eine Stiftung der Gräfin Franziska von Batthyány aus dem Jahre 1854.

162. Ungarnkönig Matthias Corvinus gab Kaiser Friedrich III. mehrere Grenzorte als Pfand für die ungarische Krone, darunter auch Pinkafeld. Wenig später, am 11. April 1459, besiegte Matthias den Kaiser in einer Schlacht bei Pinkafeld. Auf dem einstigen Schlachtfeld steht heute das Schlachtenkreuz.

163. Oberwart ist das Zentrum des ungarischen Kulturlebens in der Oberen Wart und zugleich Sitz des Bezirks. Auf dem Foto: das Gerichtsgebäude des Bezirks, in dem am 4. Oktober 1921 das Leitha-Banat ausgerufen wurde.

164. In Oberwart steht die im Burgenland einzige und in Österreich älteste reformierte Kirche. Sie entstand zwischen 1771 und 1773.

▽ 164

165. A régi római katolikus templom elődje a XIV. században épült Felsőőrön román stílusban, ennek felhasználásával készült el a barokk templom a XVII. században. Az épület középkori eredetét a festett, lőréses ablakok tanúsítják.

166. Felsőőr határában is álltak az ősi gabonatárolók, a kástuk, melyek építésének tudományát a honfoglaló magyarok hozták magukkal a Kárpátmedencébe. A kástu vagy kásté általában alápincézett földszintes, ritkán emeletes épület. Hő- és vízszigetelő födémje külön áll, melyet tűzvészkor egyszerűen el tudtak távolítani. Az őrségi kástuk boronafallal, pallómennyezettel, zsúpfedéssel készültek. A kástu falát sárral kenték be, majd lemeszelték. Az emelet boronafalát nem vakolták be, azon felaggatott húst és szalonnát tároltak. A kástuban gabonáját, szerszámait, prését, hordóit és egyéb értékesebb eszközeit, valamint tartós élelmiszerét tárolta a gazda, oda csak ő léphetett be, ezt maga készítette mesterséges zárral érte el.

165. Der romanische Vorbau der alten römisch-katholischen Kirche in Oberwart stammt aus dem 14. Jahrhundert. Die alten Mauern nutzend, baute man im 17. Jahrhundert diese Barockkirche. Auf den mittelalterlichen Ursprung deuten die bemalten Schießscharten-Fenster hin.

166. Auch bei Oberwart gab es die uralten Bauten, die sogenannten „kástus". Die Bautechnik führten die landnehmenden ungarischen Stämme im Karpatenbecken ein. Der „kástu" ist generell ein eingeschossiges Haus mit darunterliegendem Keller, nur selten befindet sich auch noch ein Stockwerk darüber. Die gesonderte, Hitze und Feuchtigkeit abweisende Decke konnte im Falle eines Feuerbrandes einfach entfernt werden. Die „kástu" in der Oberen Wart waren verdübelte Blockbauten mit Bohlendecke und Strohdach. Die Wände wurden mit Lehmerde bedeckt und danach gekalkt. Der überkämmte Blockbau im Obergeschoss blieb unverputzt, dort bewahrte man hängend Speck und Fleisch auf. In dem „kástu" lagerte der Bauer sein Getreide, Dauerlebensmittel, Werkzeug, die Keltermaschine und Weinfässer sowie alle wertvoll erscheinenden Habseligkeiten. Hineingehen konnte nur er allein, das erreichte er mittels eines selbst gefertigten Schlosses.

167. A református lelkészlak 1784-ben épült Felsőőrön, a templom udvarán. Az árkádíves tornácos ház ma gyülekezeti múzeum, a lelkész és családja számára új épület áll rendelkezésre. A felsőőri református gyülekezet fontos szerepet tölt be a magyar nyelv és a hagyományok megőrzésében és továbbadásában. Az ifjúsági körben magyar színjátszó és néptánc csoport működik, és van olvasókörük is.

168. A Felső Őrség lakossága a nyugati végeken dúló háborúk következtében a XIII. század végére megfogyatkozott, ekkor újból határőrökkel, valószínűleg székelyekkel telepítették be a vidéket. Károly Róbert király megerősítette a határőrök jogait, sőt nemességet biztosított számukra, amit 1582-ben Rudolf császár is megerősített. A felsőőriek a magyar szabadságharcokban mindig a császári seregekkel szemben álltak. Szabadságszerető nemesi tudatuk jeleként nevük monogramja elé írták az „N" betűt házaik oromfalára, még 1870-ben is.

167. Das reformierte Pfarrhaus wurde 1784 auf dem Hof der reformierten Kirche in Oberwart gebaut. Das alte Pfarrhaus mit Bogengang ist heute Heimatmuseum, der Pastor zog mit seiner Familie in ein neues Gebäude. Die reformierte Gemeinde in Oberwart erfüllt mit der Pflege und Weitergabe der ungarischen Sprache und Traditionen sendungsbewußt eine wichtige Aufgabe. Die Jugendgruppe unterhält u.a. einen Zirkel für Laientheater, eine Volkstanzgruppe und auch einen Leser-Kreis.

168. Als Folgeerscheinung der an der Westgrenze geführten Kriege wurde die Obere Wart bis Ende des 13. Jahrhunderts ziemlich stark entvölkert. Erneut wurden Grenzwärter angesiedelt, wahrscheinlich Sekler. Ungarnkönig Karl Robert aus dem Hause der Anjou hatte ihnen Sonderrechte zugestanden und sie sogar in den Adelsstand erhoben, was 1582 auch Kaiser Rudolf bekräftigte. Die Einwohner von Oberwart kämpften in allen ungarischen Freiheitsaufständen gegen die kaiserlichen Truppen. Als Zeichen ihrer Freiheitsliebe schrieben die Oberwärter ein „N" vor ihrem Monogramm an die Vorderfront ihrer Wohnhäuser selbst noch im Jahre 1870 („N" ist die Anfangsbuchstabe des ungarischen Wortes: Adel.).

△ 169

▽ 171

△ 170

▽ 172

169. Alsóőr Árpád-kori magyar határőr település, lakói mindig szabadok voltak, nem tartoztak nagybirtokhoz. Az egyetlen település a Várvidéken, ahol 2000-ben millenniumi keresztet állítottak.

170–172. A „Napba öltözött" Szűz Mária és Kisjézus, Szent István király és Szent Imre herceg 1770-ben készült barokk szobra Alsóőr római katolikus templomában.

173. Alsóőr plébániatemploma 1767-ben épült barokk stílusban, bővítésére 1966–67-ben került sor.

174. A régi Népiskola épületében 1859-ben kezdődött meg a tanítás és 1992-ig tartott. Ma kulturális célokat szolgál: a több mint 30 000 kötetes könyvtárnak ad otthont, melyet dr. Galambos Ferenc Iréneusz alsóőri plébános alapított.

169. Unterwart ist eine Grenzsiedlung aus der Árpáden-Zeit. Die Einwohner waren immer freie Bürger, sie waren keinem Großgrundbesitzer verpflichtet. Unterwart ist der einzige Ort in Burgenland, in dem man im Jahre 2000 ein Millenniumskreuz aufstellte.

170–172. Barockskulpturen aus der römisch-katholischen Kirche in Unterwart: die „in Sonne gekleidete" Gottesmutter, König Stephan der Heilige und Prinz Emmerich der Heilige, aus dem Jahre 1770.

173. Die barocke Pfarrkirche in Unterwart – gebaut 1767, renoviert von 1966 bis 1967.

174. In der alten Volksschule wurde von 1859 bis 1992 unterrichtet. Heute beherbergt das Gebäude die ungarische Bibliothek mit über 30 000 Bänden, gegründet von Dr. Ferenc Iréneusz Galambos, dem Dorfpfarrer in Unterwart.

△ 175

175–176. A Helytörténeti Múzeumot egy közel kétszáz éves, tornácos házban alakították ki Alsóőr fő-utcáján.

175–176. Das Heimatkundemuseum von Unterwart in einem 200-jährigen Haus mit säulenbestückter Veranda. Das Ausstellungsmaterial trugen die ungarischen Einwohner zusammen.

▽ 176

△ 177

177–178. A múzeumi tárgyak között szerepelnek a közelmúltban még használatos konyhai kerámia edények, a hálószoba bútorain kiterítve láthatók a magyar népviselet szép darabjai.

177–178. Unter den Ausstellungsstücken befinden sich verschiedene Küchengefäße aus Ton, die vor nicht allzu langer Zeit noch in Benutzung waren. Im Schlafzimmer sind ungarische Volkstrachten zur Schau gestellt.

▽ 178

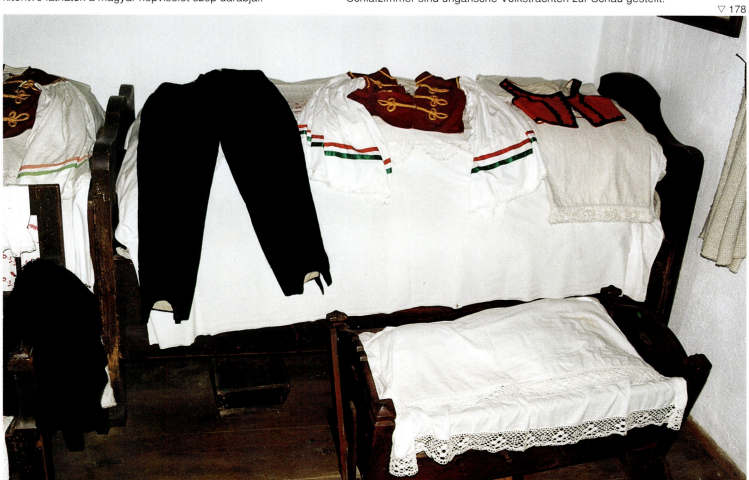

△ 179 ▽ 180 ▽ 181

179. A Helytörténeti Múzeum épülete Alsóőrön, melyben a magyar népi kulturális emlékek fellelhető darabjait gyűjtötték össze és állították ki.

180. A múzeumban berendezett konyha és konyhai eszközök.

181. Szabó Ernő múzeumigazgató, kezében egy kétfogásos ebéd szállítására alkalmas kerámia edénnyel.

182. Vasvörösvár egykori vízivára a XIII. században már állt. Helyén a XVIII. század második felében az Erdődyek kastélyt építettek, amit 1810-ben lebontottak. 1862 és 1866 között emelték a ma látható kastélyt Weber Antal budapesti építész tervei szerint, romantikus stílusban. A vöröstéglás épületet neoromán elemek díszítik, mór motívumokkal keverve. Tornyában őrizték II. Rákóczi Ferenc titkos levelezését és az Erdődyek levéltárát, az 1924-es tűzvészben mindkettő elpusztult.

179. Das Museum in Unterwart beherbergt sorgsam zusammengetragene und wohl bewahrte Gegenstände der ungarischen Volkskultur.

180. Bauernküche, eingerichtet im Heimatkundemuseum.

181. Museumsdirektor Ernő Szabó mit einem Tongefäss, in dem ein aus zwei Gängen bestehendes Mittagessen transportiert wurde.

182. Die einstige Wasserburg in Rotenturm stand bereits im 13. Jahrhundert. Später ließ die Adelsfamilie Erdődy hier im 18. Jahrhundert ein Schloss errichten, das 1810 abgerissen wurde. Das heutige Schloss wurde zwischen 1862 und 1866 nach Bauplänen des Budapester Architekten Antal Weber im romantischen Stil erbaut. Das aus roten Ziegeln bestehende Bauwerk weist Elemente der Neoromanik, vermischt mit maurischen Motiven, auf. In seinem Turm befanden sich die geheime Korrespondenz des Fürsten Ferenc Rákóczi II. und das Erdődy-Archiv. 1924 verbrannten diese völlig bei einer großen Feuersbrunst.

▽ 182

183–187. Őrisziget határvédő magyar település lakói 1270-ben kapták kiváltságaikat V. István királytól, nemességet a XIV. században nyertek, amit II. Mátyás király (1612–1619) megerősített. Utóbbi oklevelét ma is őrzik. A középkori eredetű, katolikus Szent László-templom díszes keretbe foglalt egykori főoltárképét az oldalfalra helyezték el, hogy ne takarja a szentély különleges festményeit. A főoltárkép Szűz Máriát ábrázolja, keretének szobrai: Szent Rókus, Szent Sebestyén, Nepomuki Szent János és Szent László. A szentélyt, szószéket és oltárt a Várvidéken egyedülálló növényi díszítőelemek ékesítik, melyek a hitújítás első időszakából származnak, amikor a templom egy időre a protestánsok szolgálatában állt. Őrisziget lakóinak többsége magyar, evangélikus vallású, ősi hagyományaikhoz ragaszkodnak. A faluban ma is több, a népi építészetet képviselő, tornácos, jellegzetes őrségi ház áll.

183–187. Den freien Einwohnern der Grenzsiedlung Siget in der Wart verlieh 1270 König Stephan V. Privilegien. Den im 14. Jahrhundert erhaltenen Adelstitel sanktionierte später König Matthias II. (1612–1619). Die Urkunde existiert heute noch. In der katholischen Ladislauskirche mittelalterlichen Ursprungs steht heute seitlich das Retabel des Altars, um die bemerkenswerten Gemälde des Sanktuariums nicht zu verdecken. Das Bild des Hauptaltars zeigt die Jungfrau Maria, umrahmt von dem Heiligen Rochus, dem Heiligen Sebastian, dem Heiligen Johannes von Nepomuk und dem Heiligen Ladislaus. Als einzigartig im Burgenland kann die Malerei mit pflanzlichen Motiven am Sanktuarium, an der mittelalterlichen Kanzel und am Altar betrachtet werden. Sie stammt aus der Reformationszeit, als die Kirche eine Zeit lang von den Protestanten genutzt wurde. Die Einwohner in Siget in der Wart sind in Mehrheit Ungarn und Lutheraner. Sie alle hängen stark an ihren Traditionen. Im Dorf findet man mehrere für die Wart typische, in Volksbautechnik geschaffene Häuser mit säulenbestandenen Veranden.

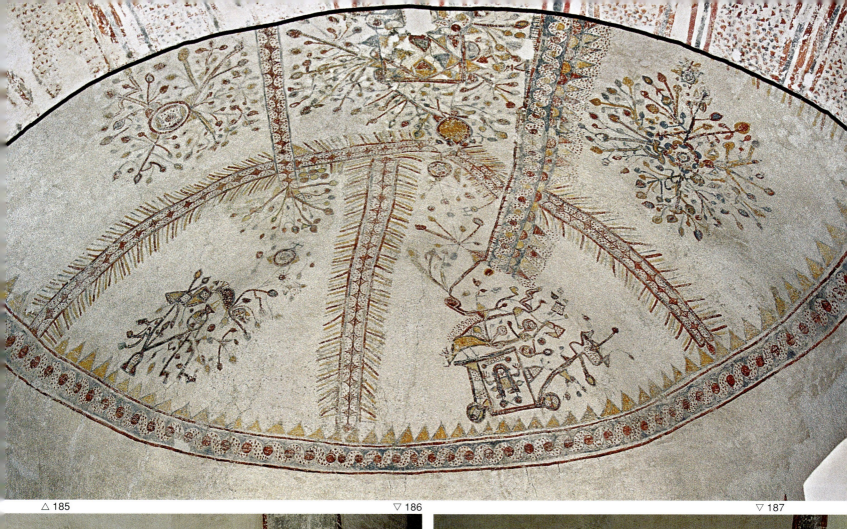
△ 185

▽ 186

▽ 187

188–189. Magyar és német nyelvű óvoda és iskola, valamint az evangélikus templom Őriszigeten.
190. Mária-kegykápolna és forrás Barátfalván.
191. Parasztház Kisszentmihályon.
192. A szenteleki Batthyány-kastély árkádos épülete.

188–189. Der ungarisch- und deutschsprachige Kindergarten, die Schule und die Evangelische Kirche in Siget in der Wart.
190. In Ollesdorf wurde eine kleine Marienkapelle an der Quelle gebaut.
191. Bauernhaus in Kleinpetersdorf.
192. In Stegersbach ist das zum Batthyány-Schloss gehörende Bauwerk mit Bogengängen.

△ 191

▽ 192

△ 193 △ 194

193., 195. Németlövő első okleveles említése 1289-ből ered. A képen egy németlövői parasztház és szobájának berendezése látható.
194. A présház egykor Németlövő határában állt.
196. Gyepűfüzesen található az a kétszintes Erdődy-kastély, mely a XVII–XVIII. században épült. Berendezése a második világháború végén teljesen elpusztult. A kastély parkjában élő hatalmas öreg fák védelem alatt állnak.
197. Horvát parasztház Rábort községből.

193., 195. Deutsch-Schützen ist seit 1289 urkundlich belegt. Das Foto zeigt ein Bauernhaus und das darin eingerichtete Bauernzimmer in Deutsch-Schützen.
194. Das Kelterhaus stand früher am Dorfrand von Deutsch-Schützen.
196. Das zweigeschossige Erdődy-Schloss aus den 17.–18. Jahrhunderten in Kohfidisch. Die Einrichtung wurde Ende des Zweiten Weltkrieges völlig zerstört. Die riesigen alten Bäume im Schlosspark stehen unter Naturschutz.
197. Kroatisches Bauernhaus in Rauchwart.

▽ 195

△ 196

▽ 197

198

199

198. Parasztház Pinkakertesen.
199. Pinkakertes a XV. századtól kezdve megszakítás nélkül búcsújáró hely. A kegyszobor 1465 körül készült, a templomot magyar szentek szobrai és egy oszlopon álló Madonna-szobor díszítik.
200. Májusfa Monyorókerék főterén.
201. Mária-szobor Monyorókerék határában.
202. Monyorókerék kisebb megszakításokkal a XV. század végétől az Erdődy-család birtoka, kastélyuk az egykori vízivár helyén épült a XVIII. században. A középkorban pálos monostor tartozott a faluhoz.

198. Bauernhaus in Gaas.
199. Gaas ist seit dem 15. Jahrhundert ein Wallfahrtsort. Die Gnadenstatue wurde um 1465 geschaffen. Die Wallfahrtskirche ist reich mit Skulpturen ausgestattet: Figuren der ungarischen Heiligen und eine Mariensäule gereichen ihr zur Zier.
200. Maibaum auf dem Marktplatz von Eberau.
201. Marienfigur am Dorfrand in Eberau.
202. Abgesehen von kleineren Unterbrechungen gehört Eberau seit Ende des 15. Jahrhunderts der Familie Erdődy. Im 18. Jahrhundert ließ diese das Schloss über der einstigen Wasserburg errichten. Im Dorf gab es früher auch ein Paulinerkloster.

△ 200　　△ 201　　▽ 202

203–204. Szentkút a forrásáról kapta nevét, de szőlőtermesztése tette ismertté. Határában közel nyolcvan, többségében műemléki védelem alatt lévő pince található.

205–206. Németújvár vára egy kerek, vulkáni eredetű bazaltkúpon áll.

203–204. Heiligenbrunn bekam seinen Namen nach der Quelle im Dorf, bekannt wurde es aber durch den Weinanbau. Am Dorfrand befinden sich nahezu 80 Weinkeller, von denen die meisten unter Denkmalschutz stehen.

205–206. Stolz ragt die Burg von Güssing auf einem runden vulkanischen Basaltkegel empor.

△ 205

▽ 206

△ 207

△ 208

▽ 209

▽ 210

207–208. Németújvár első okleveles említése 1157-ből származik, amelyben II. Géza magyar király engedélyt ad a Stájerből áttelepült Héber nemzetségbeli Volfernak, hogy bencés monostort építsen a sziklakúpra. III. Béla a monostort elvette Volfer fiától, s helyére új várat építtetett, mely 1242-ben ellenállt a tatárok támadásának.
209. A várból Magyarország irányában kitekintve látható az 1804-ben emelt klasszicista Draskovich-kastély.
210. A régi temetőben álló Szent Jakab-templom 1200 körül épült román stílusban, a középkorban Németújvár plébániatemploma volt.
211. A Batthyányak kastélya Németújvár határában.
212. A gyógyvizéről nevezetes Sóskúton a Batthyányak építettek kastélyt, melyet a Festetich grófok alakítottak át mai, klasszicista formájára 1825-ben, amikor az épületben lakásokat rendeztek be a fürdővendégek számára.

207–208. Im Jahre 1157 wird Güssing erstmals in einer Urkunde erwähnt. Darin wird festgehalten, dass der ungarische König Géza II. dem aus der Steiermark übersiedelten Wolfer aus der Sippe Héber die Genehmigung erteilt, ein Benediktinerkloster auf dem Felskegel zu errichten. Der ungarische König Béla III. entzog dem Sohn Wolfers das Kloster und ließ dort eine neue Burg aufbauen, die 1242 dem Mongolensturm erfolgreich trotzte.
209. Blickt man von der Burg in Richtung Ungarn, so erschließt sich dem Auge ein prachtvolles Panorama mit dem klassizistischen Draskovich-Schloss aus dem Jahr 1804.
210. Die romanische Jacobskirche auf dem alten Friedhof, erbaut um 1200, war früher die Pfarrkirche von Güssing.
211. Das Batthyány-Schloss bei Güssing.
212. Sulz verdankt seinem Heilwasser den weltweiten Ruf. Das Schloss gehörte ursprünglich der Familie Batthyány. Als es 1825 in den Besitz der Familie Festetich überging, ließ Graf Festetich es in ein klassizistisches Schlosshotel für Badegäste umbauen.

GENTIS SVAE POST FVNERA QVIETI
EXSTRVXERAT ADAMVS C A BATTHYAN
DETERSA VETVSTATIS LABE RESTAVRARVNT
PRINCEPS PHILIPPVS ET COMES IOANNES NEP

△ 213 ▽ 214 ▽ 215

△ 216　　　　　　　　　　　　　　　　　　　▽ 217

213. Németújvár várát 1524-ben II. Lajos király adományozta Batthyány Ferencnek, azóta e város a család birtokközpontja. A Batthyányak fontos szerepet játszottak a magyar történelem és kultúra alakulásában. A nagy műveltségű Batthyány Boldizsár a reformáció kiemelkedő egyénisége volt. 1582-ben nyomdát alapított, melyben magyar nyelvű könyvek is készültek. A család a XVI. század közepén evangélikus lett, majd református, s 1630-ban visszatértek a katolikus hitre. Az első magyar miniszterelnök 1848-ban a mártírsorsú gróf Batthyány Lajos volt. A ferences templom kriptája 1649 óta a Batthyány család temetkezési helye.

214. Batthyány Boldizsár sírköve gyermekei domborművével és címerével.

215. Batthyány Ferenc XVI. századi sírköve.

216. A németújvári ferences templom és kolostor.

217. Batthyány-Strattman Lászlót (1870–1931), a szegényeket ingyen gyógyító szentéletű orvost 2003. március 23-án avatta boldoggá II. János Pál pápa. Újratemetésekor sírja fölkerült a templomba.

213. Als der ungarische König Ludwig II. die Burg Ferenc von Batthyány schenkte, war Güssing von 1524 an das Zentrum des Batthány-Grundbesitzes. Die Familie Batthyány spielte in der ungarischen Geschichte und Kultur eine wichtige Rolle. Der hochgebildete Boldizsár von Batthyány war eine herausragende Persönlichkeit der ungarischen Reformation. 1582 eröffnete er eine Druckerei, in der Bücher auch in Ungarisch gedruckt wurden. Carolus Clusius, der Botaniker von europäischem Ruf, war bei ihm zu Gast und erfasste die Pflanzenwelt der Landschaft. Mitte des 16. Jahrhunderts ging die Familie zum lutheranischen, dann zum kalvinistischen Glauben über, 1630 wechselten die Nachkommen zum katholischen Glauben. Der erste ungarische Ministerpräsident war 1848 Graf Lajos von Batthyány, er musste später den Märtyrertod erleiden. Die Krypta der Franziskanerkirche dient seit 1649 als Begräbnisstätte der Familie Batthyány.

214. Das Grabmal von Boldizsár von Batthyány mit der Darstellung seiner Kinder und dem Familienwappen.

215. Das Grabmal von Ferenc von Batthyány aus dem 16. Jahrhundert.

216. Franziskanerkirche und Kloster in Güssing.

217. Den frommen Arzt Ladislaus Batthyány-Strattman (1870–1931), der die Armen unentgeltlich heilte, sprach Papst Johann Paul II. am 23. März 2003 selig. Bei der Wiederbestattung wurde er in der Kirche zur letzten Ruhe gebettet.

218. A Badafalvához tartozó kegytemplom (Maria Bild) 1749-től búcsújáró hely, kegyképe a máriapócsi könnyező kép másolata.
219. Farkasdifalván 1846-ban épült a Batthyány-kastély.
220. Szentgotthárd ciszterci apátságát III. Béla király alapította 1184-ben. A középkori monostor és templom a törökök elleni háborúban pusztult el, feltárt romjai a barokk templom mellett láthatók.
221. Nagyfalva határában volt a szentgotthárdi csata 1664. augusztus 1-jén, melyben az egyesített német, francia és magyar csapatok Montecuccoli tábornok vezetésével fényes győzelmet arattak a Köprülü nagyvezér irányította török had ellen. A csata helyén kereszt emlékeztet az elesett hősökre.
222. A Nagyfalva fölötti hegytetőre (Schösslberg) 1964-ben kőkeresztet emeltek a szentgotthárdi csata 300. évfordulóján, azon a helyen, ahol a középkorban templom állt.

218. Das Kirchendorf Maria-Bild gehört zu Weichselbaum. Seit 1749 ist es ein Wallfahrtsort. Das Gnadenbild ist eine Kopie der „Tränenden Maria" in Máriapócs.
219. Das Batthyány-Schloss in Neumarkt a.d. Raab, gebaut 1846.
220. Die Abtei der Zisterzienser in Szentgotthárd wurde durch Ungarnkönig Béla III. 1184 gestiftet. Kloster und Kirche wurden in den Türkenkriegen zerstört, die Ruinen sind neben der Barockkirche zu sehen.
221. Am 1. August 1664 war Mogersdorf Schauplatz der Schlacht bei Szentgotthárd. Die vereinten deutschen, französischen und ungarischen Truppen unter Führung von General Montecuccoli besiegten überragend das von Großwesir Köprülü geführte türkische Heer. An die gefallenen Helden erinnert ein Kreuz auf dem Schlachtfeld.
222. Auf dem Schösslberg bei Mogersdorf wurde 1964 ein Steinkreuz anlässlich des 300jährigen Jubiläums der Schlacht bei Szentgotthárd aufgestellt. Im Mittelalter stand hier eine Kirche.

△ 220

△ 221

▽ 222

223. Vend népi lakóház Felsőszölnökön.
224. Vasdobra vára a XII. században épült, 1467-ban lerombolták.
225. Gazdasági épület az osztrák-szlovén-magyar hármas határról.
226–227. Gazdasági épület és emeletes kástu az őrségi Szalafő Pityerszeren.

223. Wendisches Wohnhaus in Felsőszölnök.
224. Die Grenzburg von Neuhaus am Klausenbach aus dem 12. Jahrhundert wurde 1467 zerstört.
225. Wirtschaftshaus im Grenzdreieck Österreich-Slowenien-Ungarn.
226–227. Wirtschaftshaus und eingeschossiges „kástu" in Szalafő Pityerszer.

△ 225

△ 226

▽ 227

△ 228

▽ 229

228. Az udvart három vagy négy oldalán lakóházzal és gazdasági épületekkel körbevett épülettípus a kerített ház, melyet a szomszédos népektől vettek át az Őrség lakói. A kerített házban jól lehetett védeni az udvaron teleltetett szarvasmarhát a farkasok és a betyárok ellen. Amikor a farkasokat kiirtották, a kerített ház nagykapus falát lebontották. A kerített ház a népi lakáskultúra hanyatlását jelentette, ugyanis az általános magyar gyakorlat szerint a lakásból sohasem lehetett az istállóba közvetlenül bemenni. Itt a félszilaj állattartásnak alárendelték a lakóházat, az udvar közepén volt a trágyagödör. Ma már csupán néhány kerített ház áll az országban, az egyik közülük Szalafő Pityerszeren a képen látható, melynek tulajdonosa Zsoldos János volt.

229–231. A soros ház minden helyiségébe az eresz felől nyílt az ajtó. Gyakran a házzal egy födém alá került a gazdasági épület. A képeken a Szalafő Pityerszeren álló Visontay-féle soros lakóház szobájának, konyhájának és kamrájának berendezése látható.

228. Die bäuerliche Bautechnik eines Vierkanthofs übernahmen die Einwohner der historischen Wart von den benachbarten Völkern. Die Vierkanthöfe sind verdübelte Blockbauten, die an allen Hofseiten aus Wirtschafts- und Wohnhäusern bestehen. Auf dem so geschützten Hof überwinterte das Vieh, der Bauer brauchte nicht zu befürchten, dass Wölfe oder Strauchdiebe es entwenden. Als die Wölfe ausgerottet wurden, riss man die Wand mit dem großen Tor des Vierkanthofs ab. Der Vierkanthof bedeutete innerhalb der volkskundlichen Wohnkultur einen Rückschritt. Gemäß den ungarischen Gepflogenheiten war es nicht üblich, aus der Wohnung direkt in den Stall zu gehen. Hier aber befand sich die Mistgrube inmitten des Hofes, das Wohnhaus wurde der halbnomaden Viehzucht untergeordnet. Heute trifft man landesweit nur noch wenige solcher Vierkanthöfe an, einer steht in Szalafő Pityerszer (Foto), er gehörte früher János Zsoldos.

229–231. Beim Reihenhaus konnten alle Räume vom Vordach aus betreten werden. Oft wurden das Wohn- und das Wirtschaftshaus unter einem Dach gebaut. Auf den Fotos sind Wohnzimmer, Küche und Vorratskammer eines Visontay-Reihenhauses aus Szalafő Pityerszer abgebildet.

△ 230 ▽ 231

232. Az Őrségben a gazdák rossz földjeikkel alig törődtek, annál többet szőlőikkel és állataikkal, a legtöbb házastelekhez szőlő is tartozott. A képen alápincézett népi lakóház látható Őriszentpéteren.

233. Őrségi lakóház Szalafő Papszeren.

234. A Szalafő Felsőszer egyik parasztházának négyoszlopos előtornáca, az ún. "kódisállás" alatt a koldus nem ázott meg az esőben.

235. Őriszentpéter román kori temploma 1230 körül épült. Tornya ikerablakos, szentélye félköríves, déli kapuja gazdagon díszített, egykor védőfallal vették körbe. A templomot 1829-ben renoválták.

232. In der Wart kümmerten sich die Bauern kaum um ihren schlechten Acker, dafür umso mehr um ihr Vieh und den Wein. Zu den meisten Bauernhöfen gehörte auch ein Weingarten. Auf dem Foto: Bauernhaus mit Unterkeller in Őriszentpéter.

233. Altes Wohnhaus in Szalafő Papszer.

234. Die mit vier Bögen und Säulen ausgestattete Vordiele eines Bauernhauses in Szalafő Felsőszer, der sog. "Bettlerstand". Wenn er sich im Regen hier unterstellte, wurde der Bettler nicht nass.

235. Die romanische Dorfkirche in Őriszentpéter, gebaut um 1230. Der Turm hat Zwillingsfenster, das Sanktuarium ist halbbogenförmig und das Südtor reich verziert. Vormals war die 1829 restaurierte Dorfkirche von einer Schutzmauer umgeben.

△ 232   ▽ 233

234

235

236. Kódisállásos népi lakóház Márokföldön.
237. Az Őrségben a földművelés nem tudott magas színvonalat elérni a rossz minőségű termőföld következtében: a vékony termőtalaj alatt vizet át nem eresztő agyagréteg helyezkedik el. Az őrségi gazdák talán ezért is szívesen foglalkoztak az agyagiparral, a legtöbb településen éltek gerencsérek. Volt olyan község, ahol minden második férfi kerámiaedényeket állított elő, ellátták velük Somogy megye lakosságát. Veleméren például hatvan gerencsér dolgozott 1940-ben. Napjainkban e régi mesterséget is egyre inkább a nagyipar váltja fel, egyes falvak azonban hűségesen őrzik hagyományaikat. Közéjük tartozik Magyarszombatfa, ahol több kerítés előtt ágasfára aggatott kerámiaedények jelzik, hogy a házban fazekasmester él.

236. Wohnhaus mit Vordiele (Bettelstand) in Márokföld.
237. Aufgrund der äußerst schlechten Bodenbeschaffenheit konnte der Ackerbau in der Wart auf keinem hohen Niveau betrieben werden. Unter der dünnen fruchtbaren Bodenschicht liegt wasserundurchlässiger Ton. Vielleicht beschäftigten sich die Bauern in der Wart deshalb so gern mit der Töpferei, denn fast überall gab es Töpfer. Manchenorts stellte jeder zweite Bauer Töpfe her und versorgte damit die Einwohner des Burgkomitates Somogy. 1940 arbeiteten beispielsweise in Velemér 60 Töpfer. Heutzutage wird auch dieses alte Handwerk immer mehr durch die großindustrielle Produktion verdrängt. In einigen Dörfern werden die Traditionen jedoch weiterhin treu gepflegt, so auch in Magyarszombatfa, wo vor den Gartenzäunen Ständer mit Tonkrügen davon künden, dass in dem Haus ein Töpfermeister wirkt.

△ 238

▽ 239

238. Gerencsérház Magyarszombatfán.
239. Az őrségi régi gerencsérkemence csonkakúp alakú agyagépítmény, ék alakú nyílással, amit az égetés idejére befalaznak. Napjainkban elektromos fűtésű kemencékben égetik a kerámiát. A képen látható „hagyományos" fazekaskemence Magyarszombatfán, az egyik gerencsérház gazdasági épületében áll.

238. Töpferhaus in Magyarszombatfa.
239. Der alte Töpferofen hatte in der Wart die Form eines Stumpfkegels mit einer keilförmigen Öffnung und war aus Ton. Die Öffnung wurde für die Zeit des Ausbrennens zugemauert. Heute werden die Tongefässe in elektrischen Öfen gebrannt. Der traditionelle Töpferofen auf dem Bild steht im Wirtschaftsgebäude eines Töpferhauses in Magyarszombatfa.

240. Zsohár Gyula őriszentpéteri fazekasmester kerámiái az évszázadok alatt kialakult, s a mindennapok során gyakorlatban használt edények, eszközök mintájára készülnek. Az őrségi kerámia egy része máz nélküli, másik része mázas, utóbbiak színe barna vagy sötétzöld, ritkán fehér. A kuglófsütő az ünnepek, lakodalmak előtt gyakran használt edény.

241. Boros korsó és kancsó.
242. Mázas boroskancsó poharakkal.
243. Leveses tál tányérral.
244. Tejfölös csupor.
245. Tál.
246. Tejes csupor.
247. Valódi „lábas".
248. Az ún. „abroncsos" tál.

240. Töpfermeister Gyula Zsohár wohnt in Őriszentpéter. Er stellt seine Töpfe nach überlieferten Traditionen und praktischen Erfahrungen im Umgang mit den sich im Alltag bewährenden Töpfen und Gegenständen her. Während ein Teil der Warter Keramik unbemalt bleibt, ist ein weiterer Teil braun oder dunkelgrün, selten weiß. Die Sandkuchen-Backform, eine Springform aus Ton, wird vor Feiern und Hochzeiten häufig benutzt.

241. Weinkrug und Kanne.
242. Bemalter Weinkrug mit Weinbechern.
243. Suppenschüssel und Teller.
244. Rahmhäferl.
245. Schüssel.
246. Milchkrug.
247. Topf auf „Beinen".
248. Vase mit geflochtenem Muster.

△ 243   △ 244

△ 245   ▽ 247 △ 246   ▽ 248

249. Szentgyörgyvölgyön 1787-ben épült a barokk református templom, melynek festett kazettás famennyezete és karzata helyi asztalos munkája 1828-ból.

250. Az őrségi nép faépítészetben való jártasságát a haranglábak gazdag változatú típusai mutatják. Az ún. „szoknyás" haranglábak között a pankaszi 1755-ben készült. A képen látható felsőszenterzsébeti harangláb sajátos faszerkezettel rendelkezik.

251–252. Jellegzetes pásztorház és szobájának berendezése Csesztregen.

249. Die reformierte Barockkirche in Szentgyörgyvölgy von 1787. Ihre bemalte Kassetten-Holzdecke und der Chor sind Meisterwerke eines einheimischen Tischlers aus dem Jahr 1828.

250. Die Bewandertheit der Warter Leute in der Holzbautechnik beweisen die reichhaltigen Varianten der Glockenstühle. Der Glockenstuhl auf dem Bild stammt von 1755, er steht in Felsőszenterzsébet und hat eine sonderbare Holzkonstruktion.

251–252. Ein typisches Hirtenhaus und das eingerichtete Zimmer in Cseszteg.

△ 249   ▽ 250

△ 251

▽ 252

△ 253   ▽ 254

253. Velemér temploma a XIII. század második felében épült, tipikus példája a román stílus és a gótika közötti átmenetnek. A templom falait Aquila János radkersburgi festő a bibliából és a szentek legendáiból vett ábrázolásokkal festette ki 1378-ban, a kor szokásának megfelelően képekkel teljesen beborítva a falakat. Szent László és Szent Miklós festménye a templomhajóban.
254. A középkori templom külső képe Velemérben.
255. A templom szentélyét szimbolikus és bibliai jelenetek díszítik.
256. A diadalív bal oldalán a Kálvária-jelenet: a keresztre feszített Krisztus Máriával és János apostollal.
257. A diadalív jobb oldala az ún. Mettercia, mely különös ikonográfiai megoldásként Szent Annát ábrázolja harmadmagával, Szent Anna karjában tartja leányát, Máriát, és annak gyermekét, a kis Jézust.

253. Die Dorfkirche in Velemér entstand in der zweiten Hälfte des 13. Jahrhunderts. Sie ist ein typisches Beispiel für den Übergang vom romanischen Stil zur Gotik. Die Fresken, die der damaligen Zeit entsprechend die Kirchenwände völlig überzogen, malte 1378 Johannes Aquila aus Radkersburg, sie zeigen biblische Szenen und Legenden der Heiligen. Die Fresken mit der Darstellung des Heiligen Ladislaus und des Heiligen Nikolaus im Kirchenschiff.
254. Die mittelalterliche Kirche in Velemér.
255. Biblische und symbolische Motive an den Wänden des Sanktuariums.
256. Eine Szene aus dem Kreuzweg auf der linken Seite des Triumphbogens: der gekreuzigte Jesus Christus mit Maria und dem Apostel Johannes.
257. Die rechte Seite des Triumphbogens, die sog. Mettercia. Eine ikonographisch bemerkenswerte Darstellung der Heiligen Anna wird hier dargeboten: Die Heilige Anna hält ihre Tochter, Maria, und das Jesuskind in ihren Armen.

△ 255 ▽ 256 ▽ 257

HELYSÉGNÉV AZONOSÍTÓ a képek sorszámával

ORTSNAMEN UNGARISCH–DEUTSCH mit der laufenden Nummer der Bilder

Alsólövő (Unterschützen) 152
Alsóőr (Unterwart) 169–181
Alsópulya (Unterpullendorf) 124
Badafalva (Weichselbaum, Maria Bild) 218
Barátfalva (Ollersdorf) 190
Barátudvar (Mönchhof) 15–16, 18
Boldogasszony (Frauenkirchen) 1–4
Borostyánkő (Bernstein) 141–144
Borsmonostor (Klostermarienberg) 127–129
Bruck an der Leitha 24
Csáva (Stoob) 120–122
Csesztreg 251–252
Darázsfalu (Trausdorf) 53, 55
Dérföld (Dörfl) 125–126
Doborján (Raiding) 112–113
Farkasdifalva (Neumarkt a. d. Raab) 219
Feketeváros (Purbach) 6. old., 27, 33–37
Felsőkethely (Neumarkt in Tauchental) 157
Felsőlövő (Oberschützen) 148–149
Felsőőr (Oberwart) 163–168
Felsőpéterfa (Oberpetersdorf) 98–99
Felsőpulya (Oberpullendorf) 123
Felsőszenterzsébet 250
Felsőszölnök 223
Féltorony (Halbturn) 19
Fertőfehéregyháza (Donnerskirchen) 40
Fertőmeggyes (Mörbisch) 51–52
Frakno (Forchtenstein) 91–94
Fraknóváralja (Forchtenau) 95–97
Füles (Nikitsch) 118–119
Góborfalva (Goberling) 151
Gyepűfüzes (Kohfidisch) 196
Gyimótfalva (Jormannsdorf) 150
Illmic (Illmitz) 11
Kabold (Kobersorf) 100–102
Királyhida (Bruckneudorf) 25
Kisboldogasszony (Kleinfrauenhaid) 86–87
Kishöflány (Kleinhöflein) 70
Kismarton (Eisenstadt) 3. old., 57–67
Kisszentmihály (Kleinpetersdorf) 191
Köpcsény (Kittsee) 20–22
Kúpfalva (Kogl) 146
Lajtapordány (Leithaprodersdorf) 75–77
Lajtaszék (Stotzing) 71
Lajtaszentmiklós (Neudörfl) 83
Lakompak (Lackenbach) 109–111
Lánzsér (Landsee) 103–104, 106, 108
Lánzsérújfalu (Neudorf bei Landsee) 105
Léka (Lockenhaus) 5. old., 134–140
Ligvánd (Nebersdorf) 115
Lók (Unterfrauenhaid) 114
Lorettom (Loretto) 72–74
Magyarszombatfa 237–239
Márcfalva (Marz) 88
Máriafalva (Mariasdorf) 145, 147
Márokföld 236
Monyorókerék (Eberau) 200–202
Mosonbánfalva (Apetlon) 13–14
Mosontarcsa (Andau) 5–10
Nagyfalva (Mogersdorf) 221–222
Nagyhöflány (Grosshöflein) 68–69
Németlövő (Deutsch Schützen) 193–195
Németújvár (Güssing) 205–211, 213–217
Nezsider (Neusiedl am See) 26, 28, 38
Nyulas (Jois) 39
Oszlop (Oslip) 50, 56
Őriszentpéter 232, 235, 240–248
Őrisziget (Siget in der Wart) 183–189
Pankasz, borító (Umschlagseite)
Pátfalu (Podersdorf) 17
Pecsenyéd (Pötsching) 82
Petőfalva (Pöttelsdorf) 84–85
Pinkafő (Pinkafeld) 159–162
Pinkakertes (Gaas) 198–199
Pomogy (Pamhagen) 12
Rábort (Rauchwart) 197
Rohonc (Rechnitz) 158
Rohrau 23
Rőtfalva (Rattersdorf) 130–133
Ruszt (Rust) 41–49
Somfalva (Schattendorf) 1. old.
Sopronkeresztúr (Deutschkreutz) 116–117
Sopronkertes (Baumgarten) 89–90
Sóskút (Sulz) 212
Szalafő 226–231, 233–234
Szarvkő (Hornstein) 79
Széleskút (Breitenbrunn) 8. old., 29–32
Szentelek (Stegersbach) 192
Szentgotthárd 220
Szentgyörgyvölgy 249
Szentkút (Heiligenbrunn) 2. old., 203–204
Szentmargitbánya (St. Margarethen) 54
Városszalónak (Stadtschlaining) 153–156
Vasdobra (Neuhaus am Klausenbach) 224–225
Vasvörösvár (Rotenturm) 182
Velemér 253–257
Veperd (Weppersdorf) 107
Vimpác (Wimpassing) 78
Vulkapordány (Wulkaprodersdorf) 80
Zemenye (Zemendorf) 81

FELHASZNÁLT IRODALOM / QUELLENNACHWEIS

Jordánszky Elek: Szűz Mária kegyelem' Képeinek rövid leírása. Pozsony, 1836.
Tóth János: Az Őrségek népi építészete. Műszaki Könyvkiadó, Budapest, 1975.
Juhász László: Burgenland Várvidék. Történelmi útikalauz. Antológia Kiadó, Lakitelek, 1999.
Németh Adél: Burgenland. Panoráma. Medicina Könyvkiadó Rt., Budapest, 2003.
Török József: Keresztény századok. A tizenharmadik század magyar egyháztörténete. Mikes Kiadó, 2003.

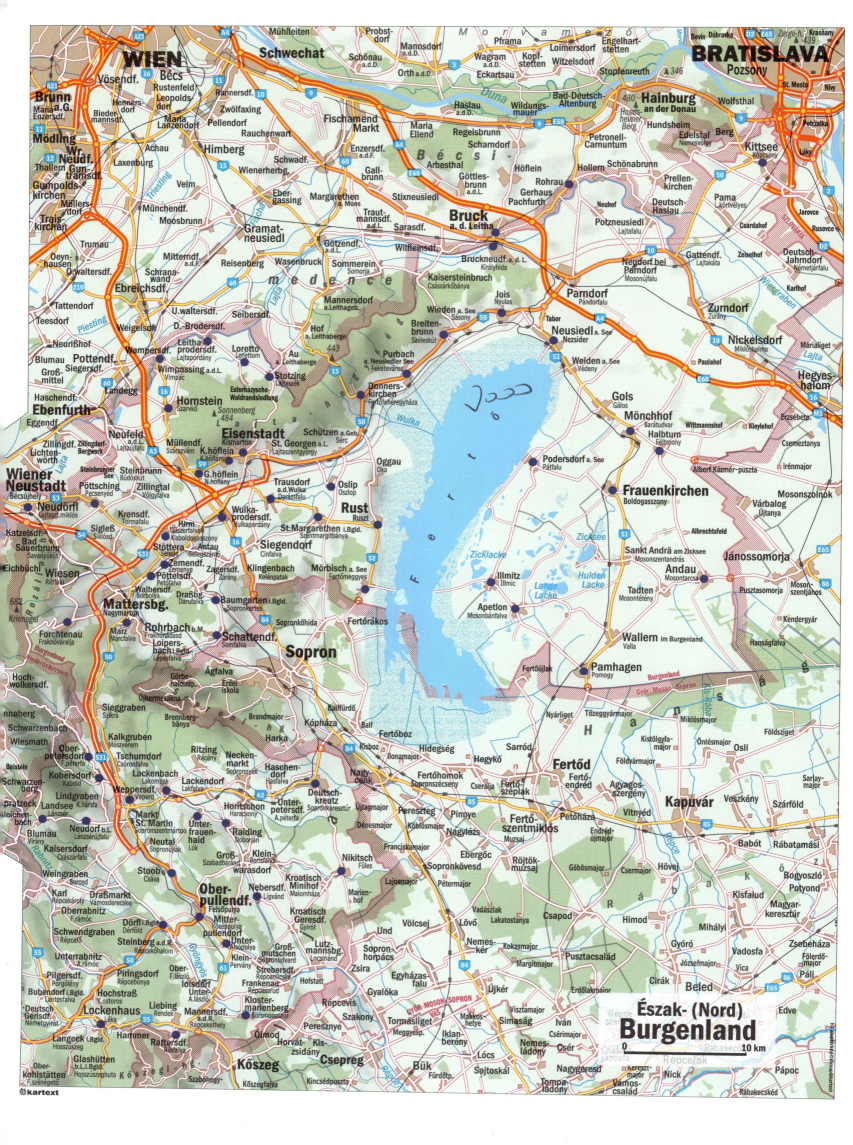